JN121029

第2版

経営者・管理者・安全衛生スタッフ
必携の書

創り育てる安全文化

安全行動が自然にできる職場を目指す

西坂明比古 著

中央労働災害防止協会

まえがき

1．本書の概要

　本書は、『安全文化創生活動』という安全を切り口とした経営改革を通じて、深く考え、学習し、創出してきた安全の基本的な考え方や多くの実行事例を『安全文化』という視点で体系的に整理したものです。

　なお、この第2版では、第1版発行（2017年11月）以降の情報や図表、記事に改善を加えましたので、より分かりやすいものになっています。

2．筆者のこと

　筆者は、日本鋼管株式会社（現JFEスチール株式会社）の鉄鋼部門に機械系の技術職として入社しました。そして配属先の京浜製鉄所（神奈川県川崎市）において鋼管製造設備の工場建設計画に携った後、設備管理部門の安全管理者、製鉄所全体のTPM活動推進リーダーや安全衛生室長などの任に就いてきました。

　この製鉄所勤務時代に、白紙から設備づくりを行う建設業務や機械部品一点一点の信頼性を高めていく設備管理業務など、マクロからミクロに至る広範囲な設備技術とともに多くの従業員を部下に持ち、また多数の協力会社に仕事を注文して行う建設工事や補修工事などの非定常作業の安全管理についてその理論と実際を学んだことが、現在の私のバックボーンになっています。

　その後、JFEメカニカル株式会社に籍を移し、製鉄所勤務で培った指導技術や組織管理のノウハウを買われて初代の安全衛生部長や教育推進部長に就いて、同社の「安全文化創生活動」の立ち上げ段階より深く関与するとともに、安全衛生管理や安全衛生教育の仕組みづくりに専念してきました。

3．会社と『安全文化創生活動』のこと

　JFEメカニカル株式会社は、2004年4月にJFEスチール株式会社の機械系グループ会社の2社が合併して発足した会社であり、2016年4月にJFE電制株式会社と合併してJFEプラントエンジ株式会社（第1章以降JFEプラントエンジと表記）として現在に至っています。

　発足当時のJFEメカニカル株式会社の社業は、鉄鋼生産設備のメンテナンスや建設工事などの非定常作業を主な業務としていたため、工場等の操業業務と比較しますと労働災害に至るリスクレベルが高く、また、工事業務の特性上、人の行動に伴う事故

や災害が発生しやすい業態でした。

　そこで、当時の経営トップは、新会社の発足を契機に、それまでの安全衛生施策を抜本的に見直して、より高いレベルの安全衛生を確保し、「災害がなく、楽しく働けて従業員が誇れる会社になる」ということを新会社のビジョンに掲げました。

　そして、経営トップの強いリーダーシップの下に、新会社においては「安全を会社のコアバリュー（基本的価値）」に位置づけるとともに、「人間行動に焦点を当てた取り組み」として2005年1月に『安全文化創生活動』をキックオフしたのです。

　この『安全文化』を創るという新機軸は、工事分野では馴染みの薄い取り組みであったため、初期段階においてはデュポン株式会社（以降「デュポン社」と表記）の指導を仰ぎました。以降10年にも余る『安全文化創生活動』への独自の取り組みによって多くの成果物を得るとともに、ぶれることのない基本的な考え方や活動ノウハウを蓄積し、軽微な災害を含む総災害度数率は、活動開始当初から継続的に改善し、現在のJFEプラントエンジ株式会社に受け継がれています。

　本書が、書題を『創り育てる安全文化』とし、副題を「安全行動が自然にできる職場を目指す」とした心には、『安全文化は、社長以下全従業員が、共通の価値観に基づいた「心に響くリーダーシップ」を発揮し、それぞれの役割を率先垂範して創り育てるものである。そして、安全を最優先するという自然な行動は、決して現場で働く人々だけの課題ではなく、全社共通の経営課題である。』という強い思いが込められています。

　そして、経営者の安全に対する強い思いが原動力になって、日々の「技術ベースの取り組み」と「行動ベースの取り組み」によって安全文化要素が強化され、会社組織に高いレベルの安全文化が定着するとともに、共通の価値観が全従業員に染み込んでいき、自然体で安全に行動する人と職場が育っていきます（図参照）。

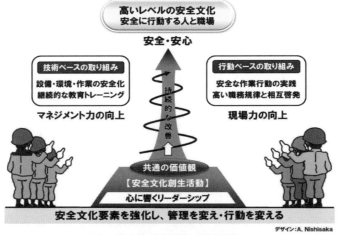

図　安全文化を高める取り組み

4．『安全文化』のこと

　わが国の全国安全週間は、昭和3年（1928年）に第1回が実施されて以来、一度も中断することなく続けられ、平成29年（2017年）で第90回という節目の年を迎えました。

　そして、平成29年度全国安全週間のスローガンには、『安全文化』という言葉が織り込まれています。

> 「組織で進める安全管理
> 　みんなで取り組む安全活動
> 　　未来へつなげよう安全文化」

　このスローガンで使われている「組織で進める安全管理」は、安全文化創生活動でいう「技術ベースの取り組み」に相当し、「みんなで取り組む安全活動」は「行動ベースの取り組み」と合致するものです。そして、「未来へつなげよう安全文化」は、安全文化創生活動で作り上げた成果物や考え方を継続的に改善して育て、次世代に伝えていくことを意味しています（前頁図参照）。

　本書のタイトルにもある『安全文化』という言葉は、主に電気業（原子力発電所）や航空運輸業、鉄道業などの大規模な設備やシステムを持つ業態で発生する「組織事故」の原因究明の過程で話題にされてきた概念です。従って、製造業や建設業など一般的な業態では、事業規模や業務内容があまりにも違いますので、安全文化という概念が縁遠いもののように感じられてきました。しかし、安全文化の定義を調べてみますと、その主旨は、その企業（組織）で働く経営者から一般従業員に至るすべての人々が、「仕事の安全をどのように考え、いかに行動するか」という組織や人の行動様式として説明されています。

　企業など、目的を共有して働く人々の集団（組織）には、いわゆる社員気質とか職場風土、あるいは企業文化などと呼ばれるものが存在しますが、これらを体系的に表現したものが行動様式であり、企業における行動様式の総体を「組織文化」だとすれば、その安全側面が「安全文化」であるといえます。このようなことから、安全文化とは、原子力発電所などの特定の業態にだけ存在するものではなく、事業の種類や規模に関係なく、各企業に固有の特徴を持って存在するものだと筆者は考えています。

5．本書が対象とする読者層と記事の厳密性

　本書は、筆者が勤務した企業における安全文化創生活動という経営改革の取り組み事例や筆者が独自に学習した知見のエッセンスを体系的に整理したものであり、各企業の経営者をはじめ、管理者や安全衛生スタッフの皆様の実務書として活用していた

だければ幸いと考えています。

　なお、本書では、文献引用等を行っていますが、大半は筆者が編集を加えた表現になっていますので、もしもその表現に厳密さを欠く点がありましたら、それは筆者の稚拙な表現力の致すところであり、何卒ご容赦を願いたいと思います。

　また、本書で事例として紹介したリスクアセスメント等の手法に係る内容は、その代表的な事項を掲載するにとどめていますので、本書より詳しいことをお知りになりたい場合は、それぞれの分野の専門書や教育用テキスト等をご参照ください。

6．本書の読み方

　経営者の方には、「第3章 企業経営を支える安全文化」「第5章 安全文化の要素」「第6章 安全文化創生活動」で企業経営における安全文化の重要性や具体的な考え方を理解していただけます。

　管理者の方には、「第1章 安全の見方を変える」「第2章 災害発生の経緯とその背景にあるもの」で安全の見方を再認識し、災害の背景に気付いていただけます。そして、順次読み進めていくと、体系的な安全衛生管理の考え方や実践手法を習得できます。

　安全衛生スタッフの方には、「第4章 安全文化の概念」「第5章 安全文化の要素」の新しい安全施策の視点をもとに、事業場の安全衛生基本施策の方向性を考えるヒントとして役立てていただければと思います。

　活動事例を知りたい方には、「第7章 リスクを下げ、安全性を高める」、「第8章 安全に行動する人と職場をつくる」および「第9章 安全文化を持続的に発展する仕組み」にJFEプラントエンジの活動事例が紹介されています。

　職場の安全衛生教育教材としては、「第8章 安全に行動する人と職場をつくる」を管理者や監督者の指導のもとで、具体的な事例を選んで自職場への適用についてグループ討議を行い、実践につなげる使い方ができます。

7．ご指導・ご協力への感謝と御礼

　本書刊行に際し、『安全文化創生活動』の開始当時よりご指導を頂いた株式会社安全文化構築サービス代表（当時）の竹川土夫さん、JFEメカニカル株式会社初代社長の小畠達雄さんと初代副社長の山本武美さん、本書の執筆に際して全面的なご協力と貴重な資料を提供して頂いたJFEプラントエンジ株式会社の元安全衛生部長の西野濃さんと谷口哲男さん、そして、入念に原稿の編集をしていただいた杉田淳子さんと岡田美和さん（中央労働災害防止協会出版事業部）の皆さまには大変お世話になりました。この場をもって感謝と御礼を申し上げます。

目　次

第6章　安全文化創生活動
（安全文化要素を強化する取り組み）　89

第7章　リスクを下げ、安全性を高める
（技術ベースの取り組み）　105

第 **1** 章

安全の見方を変える

第 1 節　目指す姿と現実とのギャップ

● **第1項** ●　**いろいろな活動をしているが、不安全行動がなくならない・・・**

　安全交流会などでさまざまな会社の方にお話を伺うと「OSHMS（労働安全衛生マネジメントシステム）などの安全管理の仕組みを整備して、いろいろな安全活動にも取り組んでいるのだが、なかなか現場作業のルール違反や不安全行動がなくならない」などという安全担当者のぼやきともとれる意見を聞くことがあります。

　よく聞いてみると、その会社では、経営トップや管理者が、「安全はすべてに優先する」を安全方針として掲げ、安全大会や安全衛生委員会でいつも話題にしているようですが、実態は納期やコストの管理がかなり厳しく、遅れが生ずるとその原因追究や遅れの取り戻しを強く要求されるそうでした。

　このような会社では、安全に関して形は整えても、生産性向上が至上命題となっていて、「より早く」「より安く」を重視する組織の文化があって、これが無言の指示となり現場で働く作業者を急かせる心理的なプレッシャーとなって作業者の行動に大きな影響を与えることになるのです（図1-1-1）。

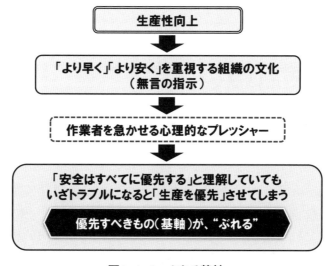

図1-1-1　ぶれる基軸

● 第2項 ●　優先すべきものがぶれてしまう・・・

　例えば、機械設備にちょっとした不具合が発生したときに、本来ならば機械の停止基準に基づいて機械設備の修理条件の設定を行うとともに、必要な安全デッキなどを設置して修理を行うべきところを、簡単な作業だからといって条件設定を省略したり、安全デッキを設置しないで機械によじ登って作業をしたりしてしまうことがあります。

　これは、平素は「安全はすべてに優先する」と建前としては理解していても、いざトラブルとなると会社や上司が口には出さないが、本音では早く復旧してほしいと思っていることを推し量って「生産を優先」させてしまうからです。すなわち、この会社では「安全はすべてに優先する」という基軸が生産優先に押されて、ぶれてしまう状況が発生しているわけです。

● 第3項 ●　なぜ、そのようなことが起きてしまうのか？

　以下の資料は、かつて私が勤務した会社で安全文化のレベルを診断する際に、事業所の役割階層別に「会社は、安全を最優先していますか？」という同じ質問をインタビューしたときのことです。

　幹部クラスは、そろって「安全最優先の理念を持って一生懸命に取り組んでいます」と答え、部・課長・監督者クラスは「そうとばかりは言えない場合もある」という答えがありました。そして、実際に現場で働く作業者のレベルになると「いやいや、会社は安全最優先とは言っているけれど、実態は必ずしも安全最優先とは言えないことが多いんだよ」という返事が返ってきました。

　さて、これらの回答の違いをどう見ればよいのでしょうか？　結論から言えば、経営者や管理者が何と言おうと、現場で働き、けがのリスクの高い人達がそう感じるのならば、それが事実と考えなければなりません。幹部クラスの想いとは裏腹に、安全最優先という価値観が組織内で大切なものとして受け入れられ、人の心に浸透していないかぎり、階層を経るにつれてその意識は希薄になり、現場では作業優先になってしまうのです（図1-1-2）。

安全診断時のインタビューでの会話より

◆ 社長・役員・所長クラス
「安全最優先の理念で一生懸命取り組んでいます」
◆ 部長・室長・監督者クラス
「そうでもない時もあります」
◆ 作業者
「会社は、必ずしも安全を優先していない」

経営者や管理者がどう思っても、現場で働き、けがのリスクのある
人たちが「安全優先ではない」と感じているなら、
それが事実です。

図1-1-2　事実は現場にあり

● 第4項 ● 事故や災害の多い会社の特徴

　日本国内では、いずれの企業においても、労働安全衛生法の下に、事業場の規模に
応じた安全衛生管理体制や安全衛生上の対策が設定され、業種に応じて職長教育等の
法定教育が義務化されています。また、リスクアセスメントに関しては、2006年4月
から事業者に対して努力義務化され、2016年6月から一定の危険性又は有害性を有す
る化学物質を製造し、又は取り扱う事業者に対し、リスクアセスメントの実施が義務
化されました。

　そのような、努力の成果もあって、2015年における全国の労働災害による死亡者数
も初めて1,000人を下回り、2022年には774人まで減少してきました（**図1-1-3**）。

　しかしながら、災害が減らない企業、あるいは従来よりも災害が増加したという企
業もあり、それらの企業には、概ね以下のような特徴のいくつかが当てはまります。

- ■ 暗黙の了解や決まりが多い。
- ■ 工期が迫ると安全手順が守られないことがしばしばある。
- ■ 上司の決定に無条件で従うことが好まれる。
- ■ 努力しても結果が出なければ評価されない。
- ■ 現場従業員は工程管理を最重要視している。
- ■ コミュニケーションが悪く、対等でない。
- ■ 安全パトロールが取締型で強圧的になっている。
- ■ 災害調査が責任追及型になっている。
- ■ 安全衛生計画が、思いつき、作文的である。

図1-1-3　全産業における死傷者数の推移

　これらの特徴は、企業が何を優先するのかという価値観や経営者や管理者の態度、また職場の風土（雰囲気）などによって創られているということに気づく必要があります。すなわち、何がそうさせているのかという視点を持つことです。

第2節　安全を願う心

　これは、旧川崎製鉄の水島製鉄所（現在のJFEスチール西日本製鉄所倉敷地区）で実際にあった話です。

【1万人分の1人の話】

　会社で死亡災害が発生し、当時の労働部長がお悔やみに遺族の家に伺った時の話です。

「私は、あの時ほど、安全について打ちのめされたことはなかった。」

　被災者の妻が赤ん坊を抱えて自分の前に現れました。途切れ途切れの会話の後、「ところでこの工場では何人の方が働いているのですか」と質問されました。それに対し私は1万人ですと答えたのです。するとその奥さんは、「あなたは1万人分の1人を失いましたが、私はすべてを失いました」と言われたのです。これは夫が自分に対し、イマシメの言葉をその方を通して送ってよこしたのだと痛感しました。これこそ「天に口なし、人をして語らしむ」であります。

出典：旧川崎製鉄　管理者安全衛生テキスト「安全はすべてに優先する」より

　私たちは、会社の仕事でこのような悲しい思いをする人を絶対につくってはいけないのです。

第3節 安全の志は高く！

● 第1項 ● 安全はすべてに優先する

　仕事を進めるための主要な管理業務は、大別すると①安全・健康管理、②品質管理、③納期管理、④コスト管理がありますが、経営者や管理者にとっては、どれも落とすことのできない重要なものです。

　しかし、仕事を進める過程では種々の要因によって計画どおりに進まない状況が発生します。

　経営者や管理者を、図1-3-1に示す4本のピンを回すジャグラーにたとえると、何らかの原因でピンが落ちかかると何とか受け止めようと努力します。しかし、最後まで落としてはいけないものが、「安全・健康」のピンです。しかも、このピンはガラス玉であり、ひとたび落としてしまうと粉々に割れてしまい、修復ができません。

　このピンが作業者だと考えると、ピンの落下が災害であり、落下の結果、ピンすなわち人が被る被害が最悪の場合、死亡災害や後遺症の残るけがになってしまいます。したがって、経営者や管理者は、安全と健康のピンだけは最後まで落とせない最も重要なピンであると考えなければなりません。

S（安全・健康）≫ Q（品質）＞ D（納期）＞ C（収益）

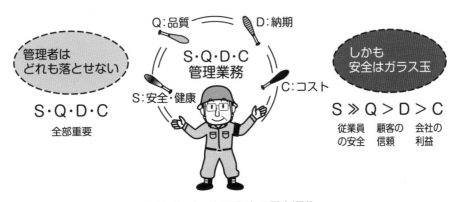

図1-3-1　管理業務の優先順位

● 第2項 ●　すべての災害は防ぐことができる

(1)　すべての災害には原因がある

　安全に対するものの考え方として、「安全原則」というものがあります。

　安全原則とは、すべての事柄に適用される共通的な決まりであり、安全を考える際の上位概念になるものです。

　この安全原則の1つとして「すべての災害は防ぐことができる」という考え方が知られています。この原則は、中央労働災害防止協会の「ゼロ災運動」の理念3原則の第1項「ゼロの原則」と相通ずるものであり、単に死亡災害や休業災害がなければよいという考えではなく、職場や作業に潜むすべての危険性や有害性を発見・把握・解決し、根底から労働災害をゼロ、すなわち「ゼロ災」にしていこうとする考え方です。

　しかし、「すべての災害は防ぐことができる」と言いながら、災害が発生しているため、この原則はきれいごとだという人が多くいることも事実です。それでも、できないからといってそれでよし、としている限り、ゼロ災は絶対に達成できません。

　私たちの究極の安全目標は、志を高く持ち、あくまでもゼロ災であるべきであり、すべての災害は防ぐことができるという信念を持って取り組まなければなりません。

(2)　10万回に1回の例外を認めない

　すべての災害には原因があります。それらの原因を分析した結果、すべての災害は対策を打つことが可能であることが分かっています。すなわち、原因のない災害は無いということです。したがって、危険と考えられることに対しては、例外なく事前に予防対策をしっかり実施すれば、すべての災害は防止できるという考え方です。

　この考え方は、ヒヤリ・ハットや事故につながることでも「10万回に1回は仕方がない。時には、やむを得ないこともある」などという例外を決して認めないことを意味しています。

(3)　ぶれない取り組みの事例

　以下は、「すべての災害は防ぐことができる」という上位概念を具体化した優良慣行の事例です。

- ■　階段の昇降時には必ず手摺りをつかむ（駅など公共の場所でも）。
- ■　会議室などの床に引いた電源コード類はガムテープで押さえる。
- ■　いすや机の周りに手荷物を置かないで壁際などに置く（転倒を防ぐ）。
- ■　初めての場所では必ず非常口と避難ルートを確認する。
- ■　車に乗るときは、後部座席でもシートベルトを締める。　　　　　など。

コラム

【タクシーのシートベルトの話】

　タクシーに乗ると自動音声で「お客様の安全と法令を守るため、シートベルト着用にご協力をお願いします。」といったメッセージが流れます。これは、道路交通法が改正されて、2008年6月から自動車の後部座席に乗る人もシートベルトを着用することが義務づけられたからです。

　私は、法律で規制される前から後部座席でもシートベルトの着用を心がけてきました。ある日タクシーに乗ったとき、後部座席でシートベルトを締めようと左手でシートベルトを伸ばして右手でシート側のバックルを探したのですがどうしても見つかりません。どうもベンチシートの下に隠れてしまっていたのです。そこで私は運転手さんに「バックルが隠れてしまっていてシートベルトが締められない」旨を伝えると「あ、お客さん、シートベルトは締めなくても大丈夫ですよ」と言われてしまいました。さて、どうしたものか。安全コンサルタントたる筆者がそのまま締めた格好だけして乗り続けるわけにもいかず、かといって、営業中の車を停車してベンチシートの下からバックルを出してもらうのも申し訳ないなどと考えた挙句、やっぱり自分の信念を曲げず、運転手さんにもう一度話しかけてみました。

　「運転手さんは安全運転をしてくれているので事故はないと思うけど、私はいつも自分のためにシートベルトを締める習慣にしているので、どうも締めないと気持ちが落ち着かんのですよ。申し訳ないけどバックルを出してもらえませんかね～？」と言ったところ、相手もプロのドライバー、何か感ずるところがあったようで「あっ！　これはどうも失礼しました。」と言ってすぐに車を路肩に止めて私を降ろし、ベンチシートを外してバックルを出してくれました。

　その運転手さんは、「ベンチシートのカバーを取り替える時、バックルの下がベルトなのでベンチシートの下に入りやすいんですよ。次からは十分に点検して乗務します。ご指摘ありがとうございました。」と言ってくれました。

　他人を相手にした場合に、自分の信念を通すことは、物の言い方によって角が立ちやすく、ついつい遠慮して信念を曲げてしまいがちです。しかし、言い方を工夫して相手を傷つけないよう配慮すれば何とかなるものですね。それでもだめな時は、早めにタクシーを降りましょう。これで一件落着！

第4節　どのような安全を目指しますか？

　人から「どのような安全を目指すのですか？」と問われたとき、あなたはどのように答えるでしょうか。

　これを一般論として答えると「事故や災害のおそれがない状態」とか、「仕事を通じてけがや病気になるリスクが低い状態」などの答えになるでしょう。しかし、これらの答えは、結果イメージであって、個人や職場あるいは会社という切り口で何をするのか考えようとすると、具体的な目標イメージが湧きません。

　そこで、安全文化という視点から、個人、職場、会社の具体的な目標イメージを表現すると、概ね次のようになり、目指したい姿が分かりやすくなります。

① 　**安全に行動する人になる**

　1．決められたことを、決められた通り、毎回実践する人

　2．人が見ていない時（ところ）でも、安全に行動する人

　3．ルールや作業手順がない場合は、より安全な方法で作業する人

　4．人の安全にも気をつかって、危ない物を片付けたり、人に声をかけたりすることができる人

② 　**安全な職場になる**

　1．安全の大切さ（共通の価値観）が一人ひとりに浸透し、同僚の不安全行動に気軽に注意でき、注意を受けた者は気持ちよく受け入れられる職場

　2．常にオープンなコミュニケーションができている職場

　3．事故やヒヤリ・ハット情報への関心が高く、全員が議論に参加している職場

　4．皆が仕事に誇りを持ち、強いチームワーク意識がある職場

③ 　**安全な会社になる**

　1．社長が安全衛生に対して強い関心を持って関与している会社

　2．会社の安全に対する価値観が全社員に共有化されている会社

　3．十分な経営資源を確保し、安全衛生活動をサポートしている会社

　4．安全管理システムが整備され、作業手順書、記録等の文書の適切な管理ができている会社

　5．すべての職場で整理・整頓が行き届いている会社

④　目標設定の逸話「富士山を目指しますか？　それともエベレスト？」

　2004年のことですが、私が所属していた会社が「安全文化創生活動」を立ち上げる際に「会社として目指す姿」はどのようなものかを外部コンサルタントの方々と話し合っている中で提案された言葉が、「日本一の富士山を目指しますか・・・？　それとも世界一のエベレストですか・・・？」というものでした。つまり、日本一安全な会社になりたいのか、あるいは、世界一安全な会社になりたいのか、という訳です。この時は、自分たちの実力を知る身であり、さすがに世界一のエベレストとは到底言えず「日本一の富士山を目指す」というところで決着した経緯がありました。

　この目標設定を通じて、私たちは、高い目標は人から与えられるものではなく、自分たちがよく考えて決定することが活動を遂行する上で非常に重要だということを学びとりました。

　山登りの場合、登りたい山を決めると仲間を集めて綿密な計画を立て、登山ルートを検討し、必要な装備を準備するとともに役割分担などの事前の打ち合わせやトレーニングが入念に行われます。

　安全の世界も同様であり、現状よりも高いところを目指そうと心に決めると、いかにして困難に打ち勝ち、目標に到達するかという戦略（成功へのアプローチ）を立てて、いよいよ心がわくわくする活動への取り組みが始まります。

写真1-4-1　日本一の富士山

写真1-4-2　世界一のエベレスト

第 2 章

災害発生の経緯とその背景にあるもの

第1節　災害発生のモデル（人と危険源の関係）

● **第1項** ● **スイスチーズモデル**

　英国の社会心理学者であるジェームズ・リーズン博士は、著書『組織事故』（塩見弘監訳　高野研一・佐相邦英訳　日科技連発行）の中で事故や災害の発生経緯を「スイスチーズモデル」として説明しています（**図2-1-1**）。

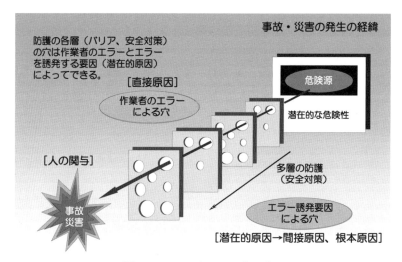

図2-1-1　スイスチーズモデル

　このスイスチーズモデルによれば、人と危険源との間に多重の防護層（ここではスライスした複数のスイスチーズ）が置かれており、それぞれの防護層にできた穴が偶然にも一直線に並んでしまったときに危険源から放たれた矢が通り抜けて人に当たり、災害が発生すると説明しています。

　防護層に穴ができる原因は2つに分けられ、1つ目は現場第一線にいる作業者のエラーや規則違反（すぐに影響が顕在化するので即発的エラーとも呼ばれる）であり、事故や災害の直接原因になるものです。

　もう一つは、潜在的原因と呼ばれるものであって、作業者のエラー（間違い）を誘発する要因としての設計不備、保守不良、監督の不備、ずさんな手順書、不適切な自動化、教育訓練不足などとともに、組織全体に広がる企業文化がそれぞれの作業場でエラーを誘発する要因となっています。したがって、現場第一線の作業者のエラーは直接原因ではありますが、事故調査においては、むしろ作業者のエラーは、さまざまな要因によって発生した結果として考えなければなりません。

エラーを犯すのは人間の不可避な部分であり、複雑なシステムの中で働く人間は、いろいろな影響を受けてエラーをし、規則違反を起こします。これらの影響要因が作業を構成する４種の要素とマネジメント（本章第２節で解説）であり、潜在的原因となるものです。

私たちがこのスイスチーズモデルより学ぶべきことは、似たような事故や災害を将来にわたって起こさないようにするためには、作業者のエラーがなぜ発生したのか、その背景にある原因（＝エラー誘発要因）を明らかにしなければならないとともに、その原因の大半が管理システム上の問題であって、決して作業者だけの問題や責任にしてはいけないということです（この部分は第７章第６節第６項に解説があります）。

【参考】即発的エラーと潜在的原因を区別する最も重要な特徴

１．悪影響が現れるまでの時間
   ・即発的エラーの影響は瞬発的であり、比較的継続時間が短い。
   ・潜在的原因は長い間、何の害ももたらさず潜んでおり、そしてある時、局所的な環境と作用しあってシステムの防護を破壊してしまう。
２．エラーあるいは誤った決定をする人間が組織のどこにいるか
   ・即発的エラーは、第一線の作業員といったシステムと直接的に関わる人間が引き起こす。
   ・潜在的原因は組織の上層部で生じたり、関連する製造過程、委託過程、規制や政府機構との関係から生じる。

出典：ジェームズ・リーズン著　『組織事故』P.13－14　日科技連　抜粋引用

● **第2項** ● **ISOのモデル（危険源から危害に至るプロセス）**

　災害の予防や再発の防止を考える際の基本的な知識として、災害（ISO（国際標準化機構（International Organization for Standardization））では危害）は何故発生するのかという災害発生の原理を、人と危険源との関係にリスクという概念を加えて理解しておく必要があります。

　人と危険源との関係から災害（危害）に至る経緯を**図2-1-2**のように表現すると、人が危険源に接近（あるいはばく露）すると災害のリスクが発生します。この段階で保護方策（いわゆる安全対策）の不足や不適切、故障等の不具合が存在する中で、人と危険源が同一空間に存在し（例えば、機械の動作範囲に人が入る等）、それに加えて、それぞれが動作するタイミングが重なった時に危険事象（危ない状況）が発生します。

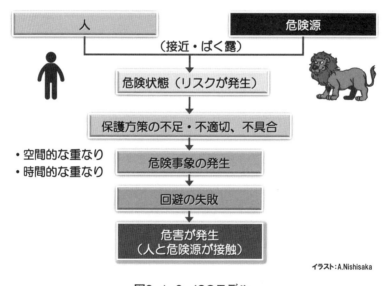

イラスト：A.Nishisaka

図2-1-2　ISOモデル

　そして、その危ない状況の中で、危険に気づいて回避できればヒヤリ・ハットで済みますが、危険の存在に気づかない、あるいは気づいても回避しきれない時に、人が危険源に接触して災害（危害）に至ってしまいます。

　災害を未然に防止するためには、この災害に至るプロセスをどこかで断ち切れば良いわけです。

　最近の取り組みでは、リスクアセスメントによって危険源を特定し、その排除や危険源影響を極小化（本質安全化）するなどの発生源対策を第一の対策としています。次に、第二の対策として、危険源は存在していても物理的な保護方策によって人と危険源を隔離する確実な方法（工学的対策）が推奨されています。

● 第3項 ● m-SHELLモデル

　m-SHELLモデルは、1975年にKLM航空のFrank H.Hawkinsが提唱したSHELモデルをベースにして、東京電力ヒューマンファクター研究グループがm：Management（マネジメント）を独立した要素としてSHELLを取り巻くように配置したモデルです（**図2-1-3**）。

　m-SHELLの各要素は以下の頭文字によって構成されています。

　　m：Management（管理方式、安全文化など）

　　S：Software（作業手順書・マニュアル、教育・訓練方式など）

　　H：Hardware（機械・器具、装置・設備、マン・マシンインターフェースなど）

　　E：Environment（作業環境　温熱、照明、騒音、雰囲気など）

　　L：Liveware（作業者本人、関係者など）

図2-1-3　m-SHELLモデル

　このモデルにより、人と周辺要素との関係を次のように理解できます。

　中心の作業者本人(L)とその周囲に配置されたSHELの状況は、刻々と波打って変化するので、それぞれの間に隙間（エラーの要因）ができてきます。

　中心の(L)は、周囲のSHELの変化に合わせて隙間を埋めようとします。また、中心の(L)自体も変化するので、周囲のSHELを変えて隙間を埋めていく必要があります。このように各要素が変化する状況の下で、中心の(L)と周囲のSHELとのマッチングをとるために、全体を眺めて柔軟に隙間を埋める対応をとるのがマネジメントの役割です。

中心の(L)と周囲のSHELの状態が常に変動するため、マネジメントの良し悪しが災害や事故の原因にもなりかねないことから、適切なマネジメントの運営が強く望まれます（この部分は第７章第６節第７項に解説があります）。

● 第４項 ● ハインリッヒモデル

「災害は氷山の一角」という言葉があります。

この意味は、「海に浮かぶ氷山は、海面上に出ている部分は、氷山全体の一部であり、海面下にはさらに大きな氷の塊すなわち、災害の予備軍が隠れているよ」ということです。

海面から頭を出している部分は、死亡災害〜不休災害などの顕在化した災害を意味し、海面下の目に見えない大きな氷の塊を災害にはなっていない潜在的な要因として、ヒヤリ・ハットや不安全状態、そして多くの不安全行動を意味しています。

また、安全管理レベルが悪化する（海水の塩分濃度が濃くなる）と浮力が増加して海面上に出ている顕在化した災害が増えることも意味しています。図2-1-4は、筆者がハインリッヒの法則を拡大解釈してハインリッヒモデルとして表現したものであり、ヒヤリ・ハットは災害の芽、不安全行動はヒヤリ・ハットや災害の種であるとしています。

図2-1-4　ハインリッヒモデル

災害をなくしていくためには、顕在化した災害（氷山の一角）にだけ注目して対策をするだけでは、その予備軍が次々と浮かび上がってくるため災害は減少しません。災害を減らしたいと考えるならば、海面下の氷山に着目して、氷山全体の体積を減らすこと、すなわち、災害の芽のヒヤリ・ハットと災害の種で災害原因の９割以上を占める不安全行動を減らす取り組みが必要となります（この部分は、第９章第１節の「災害防止のマネジメントシステム」で詳しく解説します）。

第2節 **作業を構成する4種の要素と
マネジメント**

　災害発生のモデルの節で、確実な災害防止の方策として本質安全化と工学的対策を挙げましたが、現実は、すべてのケースに適用することは、技術的制約や経済的制約によってできません。

　製造業や建設業においては、人が作業用機械や道具を使ってモノづくりを行い、でき上がった部品を組み立て、運搬し、工事現場で基礎の上に据え付ける等々、さまざまな作業によって製品や建造物を完成させていきます。

　労働災害は、これらの作業を遂行する過程で発生するものであることから、その作業の内容についても理解しておく必要があります。

　一般的に、作業は4種の要素（人、物、作業、管理）で表現されていますが、本書では、m-SHELLモデルと整合するように、通常は作業の中に含まれる作業環境の要素を独立させて**図2-2-1**のように5つの要素として表現しています。

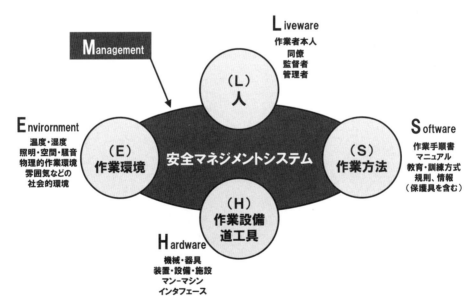

図2-2-1　作業を構成する4種の要素とマネジメント

第3節 安全対策の視点

● 第1項 ● 技術的な対策だけではゼロ災は実現できない

　長く安全衛生活動に取り組んできた企業が、直面する問題があります。それは、「いろいろな安全活動を実施して、設備の自動化も可能な範囲で進めたし、労働安全衛生マネジメントシステム（OSHMS）を導入して安全基準や作業手順を整備して教育・訓練も実施してきた。それなのに、一生懸命に取り組んでいるのにどうしてもルール違反や不安全な行動がなくならない・・・！　本人が基本動作をキチンと守ってくれないことには・・・」などという活動の行き詰まり感を持ち、安全成績が伸び悩む企業が大手企業を含めて意外と多いのが実態です。

　実は、筆者自身も勤務会社で安全衛生部長を担当していた当時には「何とかしたいが、どうすれば良いのか分からない？？？」という切実な悩みを持っていました（図2-3-1）。当時は、安全衛生活動といえば、何か問題があればすぐにルールを作ってそれを作業者に強制したり、作業手順書を必要以上に詳しくしたりするなど、作業者からすれば負荷が増える迷惑千万な対策をとっていたように思います。

　それでは、どうすれば良いのか？　それに応えるものが、「人間行動」に焦点を当てた取り組みです。

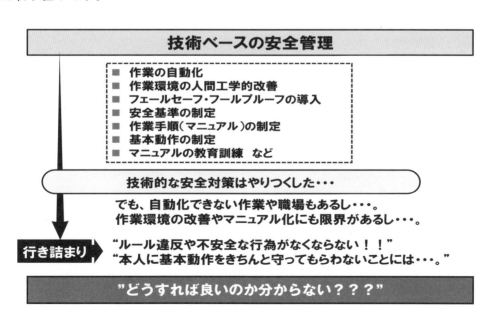

図2-3-1　技術ベースの安全管理の行き詰まり

● 第 2 項 ●　人間行動に焦点を当てた取り組みに着目する

　リスク低減対策として、設備対策や作業手順の設定等の技術ベースの取り組みによる災害や事故防止の効果は、ある程度のレベルまでは事故率を下げる効果がありますが、その後は、残留リスクや不安全行動などの影響により、事故率が下げ止まってきます。

　図2-3-2は、主な安全施策（技術ベースの取り組みと行動ベースの取り組み）と事故率の関係を時間の経過で表現したものです。

　この下げ止まりをブレークスルーするためには、従来の技術ベースの取り組みを維持しつつ、人間行動に焦点を当てて、安全文化を高め、従業員の安全行動を促す行動ベースの取り組みへ主な安全施策をシフトしていく必要があります。

　この「技術ベースの取り組み」から「行動ベースの取り組み」へのシフトは、私たちがこれまでに進めてきた安全衛生活動では認識しにくかった視点であり、これに気付くことによってその後の安全衛生活動が大きく進化することになります。すなわち、管理者主導の「技術的な対策」は、リスク低減効果の高い重要な取り組みですが、それだけではゼロ災の実現は困難であり、組織的に安全文化を高める取り組みを通じて、従業員全員の能動的な安全行動を習慣化して、現場力を高める努力が必要不可欠であるということです。

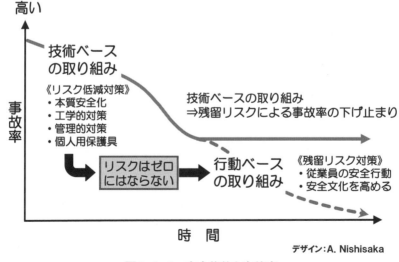

「技術ベース」から「行動ベース」の取り組みへ

図2-3-2　安全施策と事故率

第 **3** 章

企業経営を支える「安全文化」

第1節　企業経営と安全

これまでに安全の見方や災害原因とその背景について述べてきましたが、本章では、企業経営という視点で「安全」を考えていきます。

● 第1項 ● 企業経営の目的は何か？

経営学で知られるピーター・F・ドラッカー著の『エッセンシャル版マネジメント』によれば、企業の目的の定義は1つしかなく、それは「顧客を創造すること（Create a Customer）」だとしています。つまり、企業の価値を決めるのは、社会やコミュニティ、個人などの多くの顧客であり、それぞれを顧客として、「顧客の欲求そのものを生み出す製品やサービスの提供」と「顧客の欲求を満足させる製品やサービスの提供」が企業の目的となります。

そして、一人ひとりの顧客が、企業の提供する製品やサービスの価値を認めて、企業に対してその対価を支払ってくれることにより利益が発生します（図3-1-1）。

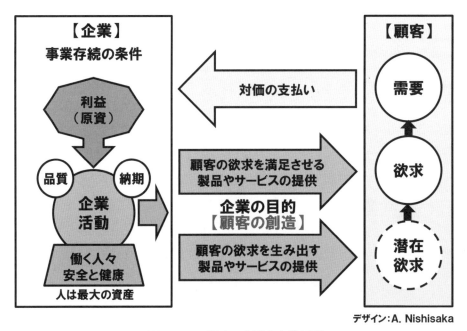

図3-1-1　顧客の創造と企業活動

一方、企業の利益は、顧客に製品やサービスを提供する企業活動の推進に必要不可欠な燃料となるものであり、よりよい労働環境を生む原資となるものです。したがって、企業が利益を追求することは、経営上必要不可欠の要素ではありますが、企業の存在目的とはいえず、「事業存続の条件」としての位置づけになるものといえます。

同様に、安全をはじめとする品質、納期などの確保も日々の企業活動の推進に不可欠な条件であり、利益と同様に達成すべき目標レベルを定めて取り組んでいくべきものだといえます。

● 第2項 ● 企業経営における安全の位置づけ

安全の重要性は、総論としては「合意」が得られていますが、具体的なことになると作業現場の安全衛生活動の実態を見る限り、必ずしも「納得」されているとはいえません。

これらの原因は、企業の経営者や管理者が、安全を生産と分けて考えて安全は利益につながらないマイナスのコストだと考えるがゆえに、安全に対する意欲や関与が弱くなるためです。

極端な例として、企業の目的を「利益至上主義」にしてしまうと、利益を圧迫するものは、すべて悪だとする間違った経営に陥ってしまい、行き着くところは事故や労働災害発生時に、会社が安全を軽視していたとして社会的な糾弾を受けて経営が立ち行かなくなり、最後には企業そのものが消滅してしまいます。

したがって、このようなことにならないためにも、企業経営における安全の位置づけを明確にする必要があります。すなわち、企業経営においては、人間尊重という倫理観とともに、「人こそ最大の資産である」というピーター・F・ドラッカーの言葉のとおり、経営的にも企業で働く人々の安全と健康は、何よりも優先されるべき事業存続の条件として位置づけなければなりません。

● 第3項 ● 企業経営と安全文化

働く人々の安全と健康は、「何よりも優先されるべき事業存続の条件である」としましたが、その基本的な考え方を建前で終わらせることなく、日々実践していくためには、経営者が、安全最優先の理念を公表するとともに、経営者から従業員に至る全員がそれを共有化しなければなりません。

そして日々、組織と働く者一人ひとりが安全最優先の理念に基づいて考え、安全に行動することを習慣化した行動様式すなわち安全文化を構築することが必要です。

第2節 企業経営ピラミッド

● 第1項 ● 企業経営の主要な要素

　企業経営における『安全文化』を考える場合には、安全文化と密接に関係する企業経営の仕組みから考えていく必要があります。

　図3-2-1の「企業経営ピラミッド」は、企業経営の主要な要素を７つの階層に分けて表現したものであり、その要素は、企業経営ピラミッドの最上位より、以下のように分類されます（筆者の分類）。

①　企業の存在目的

②　組織目標

③　企業活動

④　管理システム

⑤　経営者・管理者のリーダーシップ

⑥　共通の価値観

⑦　組織文化（行動様式）

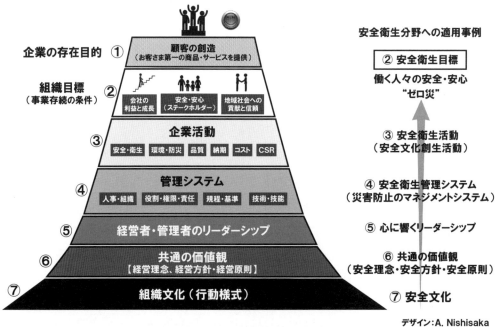

図3-2-1　企業経営ピラミッド

● 第2項 ● 企業経営ピラミッドの要素

(1) 企業の存在目的（図3-2-1の①）

　ピーター・F・ドラッカーによれば、「企業とは何であるかを知るためには、企業の目的から考えなければならない。そして、企業の目的は、それぞれの企業の外すなわち社会にある」としています。したがって、企業の利益の追求や企業の成長などは、企業の目的とは言えません。

　本章の第1節で述べた「顧客の創造」が普遍的な目的であり、具体的には企業経営ピラミッドの最上位に位置づけた①「お客さま第一の商品とサービスを提供すること」などが具体化した企業の目的になります。

(2) 組織目標（図3-2-1の②）

　組織目標は、企業の目的を達成するために必要な条件であるとともに事業存続の条件になるものであり、「従業員（自社・協力会社）の安全・安心の実現」「地域社会への貢献と相互の信頼」「会社の利益と成長」などが組織目標の事例として挙げられます。

(3) 企業活動（図3-2-1の③）

　目標を達成するための具体的な取り組みが、企業活動です。具体的には、安全・衛生、環境・防災、品質、納期（工程）、コスト（利益）、CSRなど多岐にわたる企業活動が活動分野ごとに整備された「管理システム」に基づいて運営されていきます。

　安全・衛生分野では、安全衛生目標である働く人々の安全・安心の実現のための日常的な安全衛生活動や安全文化創生活動などがこの企業活動に相当します。

(4) 管理システム（図3-2-1の④）

　企業活動を運営する分野別の「管理システム（マネジメントシステム）」は、活動を進めるために定められた管理規程やルール、技術基準や技能に関わるものが、職務に応じて詳細に設定されています。

　管理システム（マネジメントシステム）の総体が、管理の仕組みあるいは、枠組みを意味し、言わば、引き出しがいっぱい付いた和箪笥のようなものとして例えることができます。そして、それぞれの引き出しが業務分野ごとの管理システム（サブシステム）となります。

　しかし、それぞれの引き出しに収納された管理規程やルールを従業員がきちんと守り、実践してくれなければ期待どおりには企業活動が進みません。管理システムという会社の決めごとを従業員に正しく実践してもらうためには、経営者や管理者が、平

素より従業員に対して、

　"何のために行うのか？"

　"それが自分たちにとってどのような影響があるのか"

などを自らの言葉と率先垂範の行動によって働きかけ、動機付けをし続けることが必要です。

⑸　経営者・管理者のリーダーシップ（図3-2-1の⑤）

　この動機付けによって、従業員の心に共感（腹落ち）が生まれてくると、自分のこととして能動的に行動するようになります。このように従業員に共感を覚えてもらえるような経営者や管理者の働きかけを「心に響くリーダーシップ」と呼び、経営者や管理者が身につけなければいけない大切なスキルとなっています。また、この「心に響くリーダーシップ」というスキルは、経営者や管理者以外の従業員においても有用なスキルとして幅広く活用することが望まれます。

⑹　共通の価値観（図3-2-1の⑥）

　企業経営においては、経営者や多くの従業員が合目的的に行動するために「自由、平等、博愛」といった高邁な精神に基づく企業経営の基軸（共通の柱）すなわち経営理念・経営方針・経営原則が必要です。そして、これを共通の価値観として全員が共有し、それぞれの身体に染みこませていかなければなりません。この共通の価値観があらゆる局面において、ぶれることのない判断のより所として日常の企業活動に反映され続けることによって、企業経営の目的と目標が達成されるようになります。

　図3-2-2は、企業経営の基軸（共通の柱）のイメージを表現したもので、左の柱（軸）が、会社共通の軸であり、この軸に配置されている各パートの基本思想に基づき、右側に示した業務分野ごとの軸となる理念・方針・原則そしてそれに連なる管理システムが設定されます。例えば、安全衛生分野においては、安全方針が安全理念における安全衛生上のあるべき姿を実現するための道筋を示し、安全原則は、多くの事例に適用される共通的な決まりとして、その下位に位置する管理システムとしての安全衛生管理規程や作業基準に反映されるようになっています。

　なお、共通の価値観は、組織・役員や全従業員の行動を律するものであり、全社共通の方針や原則で十分な機能が発揮できる場合は、業務分野別に展開する必要はありません。むしろ、あまり多く作りすぎると、従業員にとってはあれもこれもとなって、やらされ感が強くなり、逆効果になる場合がありますので、適度な負荷バランスが必要です。

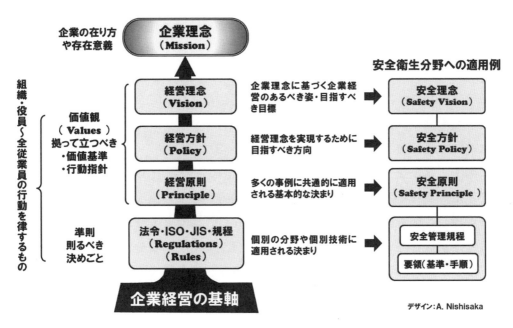

図3-2-2　企業経営の共通の柱(軸)

(7)　企業経営を支える組織文化(図3-2-1の⑦)

　企業経営ピラミッドで表現した各層における取り組みを継続することにより、経営ピラミッドの最深部に、全従業員に深く浸透している、ものの見方・考え方・行動様式などが企業の「組織文化」として形成されてきます。

　一度定着した「組織文化」は、あらゆる局面において、経営者はもとより、全従業員に強い影響を及ぼすものになります。企業のコンプライアンス問題などは、まさにこの「組織文化」の良し悪しが強く影響しているといっても過言ではありません。

　また、安全文化は、企業の組織文化の一側面であるため、安全文化だけを突出して高めるということは不合理です。安全文化を高める取り組みは、安全衛生を切り口とする経営改革であると言われるゆえんはここにあります。

● 第3項 ●　　「安全文化」は組織文化の一側面

　本書の主題でもあります「安全文化」は、企業の中で単独で存在するものではありません。あくまでも企業の文化の総体を意味する「組織文化」を安全衛生の視点で整理した一側面にすぎないことを理解しておく必要があります。

　ここで重要なことは、安全衛生に関する「価値観」は、安全管理システムに限定的に適用するものではなく、その他の業務分野や管理システムにおいても切り離して考えられないものであるということです（**図3-2-3**）。

　すなわち、**図3-2-3**の中央の楕円で示す安全衛生の価値観は、安全管理システムと重なるだけでなく、破線で示すように矢印の方向にその重なり範囲を拡大して、その他の管理システムに矛盾なく反映されていなければなりません。

　例えば、購買管理システムでは、価格を重視するあまり安全性の低い設備や機器を購入するとか、人事管理システムでは、収益を重視するあまり、安全投資を抑制したりする管理者が人事管理上評価されるようなことがあれば、従業員は会社に対する信頼感を損ねることになってしまいます。

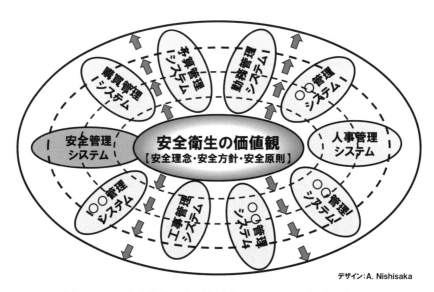

図3-2-3　安全衛生の価値観を他のシステムに矛盾なく反映

第3節 なぜ安全文化が必要なのか？

● 第1項 ● 見方を変えるということ

　会社の仕事で災害が発生した時には、当然のことながら安全管理者や安全スタッフが事故調査チームに入って災害発生の原因調査を開始します。

　原因調査では、被災者や作業関係者から事実情報を詳しくヒアリングするとともに、被災現場の設備状況や作業手順、作業指示の内容など多岐にわたる調査が進行していきます。そして、収集した事実情報をもとに、災害の発生経緯や原因の特定をしていきますが、この事故調査が責任追及型になってしまうと犯人探しになり、適切な再発防止対策ができなくなってしまいます。

　以前は、「何で君は、こんな危ないことをしたんだ！」とか「ルール違反だ！」などと個人の行動に問題があったとして、「作業者がルールに違反をしたことが原因なのだから、対策は、ルール違反をしないよう作業者本人を再教育し、厳しく指導する。」などといった表面的な対策で止まってしまっているケースがよく見受けられました。

　果たして、このような対策で良いのでしょうか？　否、これでは、個人対策にはなっても、被災者以外の作業者やそのほかの職場で同様なことが起きる（類似災害）ことに対しては、何ら効果が期待できません。ではどうすれば良いのでしょうか？それは、災害の見方を変えて、「なぜ彼はそうしたのか？」という見方から「何が彼をそうさせたのか？」という、個人の問題から組織特性の問題に視点を移します。そして、個人の行動の背景要因を深掘りして根本原因を究明し、的確な対策を打てば良いわけです。

　人の行動に影響する要因には、組織的な要因が強く作用しているため、組織文化（安全文化）への着目が必要となってきます（図3-3-1）。

個人行動が悪いという見方
なぜ彼はそうしたのか？

組織の特性に原因があるという見方
何が彼をそうさせたのか？

組織文化（安全文化）への着目

図3-3-1　見方を変える

● **第2項** ●　「何が彼をそうさせたのか？」という視点

　前項の視点を反映した簡単な事例をもとに考えてみましょう（元JFEメカニカル副社長　山本武美氏の解説資料より加工引用）。

　例えば今、A君が工場内を歩いていて転んでしまったとします。彼は思わず手をついてしまい、指を骨折してしまいました。その時の工場の床や照明は正常でした。このような事故があったとします。

　皆さんの周りにも似たようなことは多いですね。これが地上だから指の骨折ですみましたが、地上10mのデッキ上だったら大変なことになります。

　問題は、原因と対策をどうするかです。例えば、床の状況が悪かったとか照明が暗かったとすれば、その改善が対策となります。しかしこのケースではそのような問題もなく、かといって「正しく歩くための標準」などはナンセンスであり、対策に困り果てます。

　よくいわれる原因は「A君の安全意識が低かった」ということにして、対策は「ちゃんと気をつけて歩くように安全意識を高めるよう教育をします」という対策になりがちです。しかし、これでは説明するまでもなく、答えになっていません。

　この考え方の間違っているところは、「A君がけがをしたのは、A君個人に問題がある」と考えたところにあります。

　けがの直接の原因は確かに個人の不安全行動、個人が「ルールを守らなかった」、「安全を最優先しなかった」ためです。私自身も長い間安全管理者をやっていて、このように考えていました。だから「皆さんどうかルールを守って下さい。作業の時は必ず安全を最優先して下さい。」と一生懸命訴えていましたが効果はありませんでした。

　確かに、けがの直接原因はA君の不安全行動でした。

　すると私達は、「なぜ彼はあんな行動をしたのだろう」と考えてしまいます。この例のように、歩行中転んだり、玉掛け作業中につい吊荷に手を出して受傷したりした時、私達はそう考えがちです。そうするとこれ以上先に進みません。回答はこの先にないからです。そうではなく、見方を変えて「何が彼をそうさせたのか」「根本原因は何なのか」と考えて行けば何かが見えてきます。

　A君にインタビューでよく話を聞いてみると「実は、歩きながら次の仕事の段取りを考えていたので、つまずいてしまった」ということが分かりました。

　そこでさらに「何が彼をそうさせたのか」と話し合ってみると「歩きながら考えないと、次の仕事の開始に間に合わなかった」という事実が分かり、真の原因は「仕事のスケジュール、計画」に不備があった訳です。したがって、今後は、このようなことのない作業計画にすることが対策となります（**図3-3-2**）。

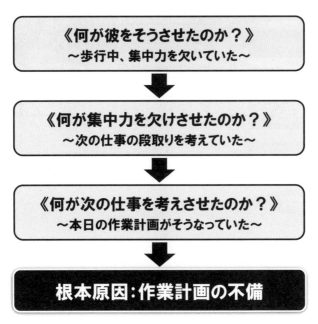

図3-3-2　何が彼をそうさせたのか (1)

　しかし、このＡ君がやっていた作業だけでなく、ひょっとして多くの作業計画が同様の考え方でできていたら大変です。もちろん一つひとつチェックするわけですが、それよりも作業スケジュールを作る時の考え方そのものを変える必要があるのかも知れません。

　ではもう一つのケースを考えてみましょう。

　次の仕事の開始までには充分な時間的余裕があり、歩きながら段取りを考える必要なんか全くなかったのだけれども、同じようなことが起きた場合はどうなるのでしょうか。

　何がＡ君をそうさせたのでしょうか。それは、この仕事では時間的余裕があったとしても、これまでの長い間に職場に定着してきた仕事の習慣や進め方として、「どのような作業も一刻でも早く終わらせることは良いことだ」との価値観が身に染み付いていたからではないでしょうか。

　このように考えてくると、人の行動に強い影響を与えている、会社や職場の価値観や上司の仕事に対する考え方を改め、安全を最優先する「安全文化」を構築していく以外、解決策はないことに気付くことができます（図3-3-3）。

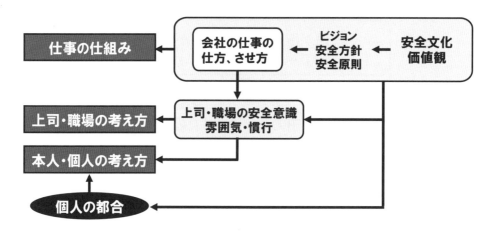

「早く・安く・安全に」 から 「安全に・早く・安く」 へ

図3-3-3　何が彼をそうさせたのか (2)

　「けがは誰が起こすのか」という問い掛けに人は、本能的に個人の名前を挙げますが、実はそうではなく、組織の何かが彼にそうさせたのだということが事故の本質です。

　したがって、対策は作業標準の追加や教育だけで片付けるのではなく、作業標準の背景となる考え方や判断基準、さらには、標準以外の習慣や職場の安全に対する価値観についてチェックすることが必要です。

　私たちは、長い間「皆さんに事故を起こさないようにいつも言ってきたが、それでも作業者がルール違反でけがをしてしまう」と考えていました。

　しかし、本質はそうではなく、管理・監督者も含め、永年の作業遂行を優先し、無意識のうちに安全を軽視する習慣が社員に染み付いてしまって、それが"ゼロ災"を阻んでいるのだということに気付きました。

● 第3項 ● 安全文化が従業員の行動に強い影響を与える

安全文化が従業員の行動に強い影響を与えることについて考えてみましょう（元JFEメカニカル副社長　山本武美氏の解説資料より加工引用）。

【無言の指示】

従業員の行動に強い影響を及ぼすものに「公式なもの」と「非公式なもの」があります。

「公式なもの」とは会社の方針、業務手順、管理手順いわゆる標準類などで会社が決めたもの、「非公式なもの」とは、組織や職場である行動が受け入れられるプロセス、自然発生的に従業員や職場に定着している価値観や安全文化のことです。

なるほど、安全文化は非公式だから、安全文化はこれまで会社の仕事として認知されずに放置、あるいは管理者の任意にまかされてきて、努力したり実行しなかったりしても誰にも文句を言われず、それらはすべて非公式のこれまでの会社や職場の習慣、慣例、暗黙の合意、伝統の中に入ってしまってきた訳です。

非公式な価値観や安全文化は、品質や技術のように更新したり改善したりする仕組みももちろんなかったので、安全やけがに対する社内外の要求は格段に激しくなったにもかかわらず、非公式な価値観や安全文化に基づく実際の行動は、旧態依然とした考え方に従って行われて今日に至っています。

このように考えると、抽象的でわかりにくい安全文化の実体が少しはわかり、具体的な活動を開始できるのでないでしょうか。

すなわち、

○まずは、安全に対する高い価値観を会社として決めて、公式なものにする。

○古く悪い価値観を見つけ出して、是正していく。

○公式である業務手順や管理手順を、高い安全の価値観をもとにチェックして是正していく。

ではもう少し具体的に、この非公式な決めごと、習慣、文化について見てみましょう。文献の引用になってしまいますが、坂井優基著『パイロットが空から学んだ危機管理術』（インデックス・コミュニケーションズ発行）という本に、次のような文がありました。実に良くできていますので、そのまま引用します。

〔**無言の指示は厳禁**〕

　世間のいろいろな所でアクシデントやインシデントが起こると、安全担当セクションからは、指示は何回も出しているのに守られていないという話を聞きます。

　この理由は何でしょうか。そのひとつに「無言の指示」があります。確かに安全のためにこの方法を守りましょうという指示は出されています。ところが同時に安全手順を守っていて納期に遅れると上司に文句をいわれたり、嫌な顔をされたりする。安全手順を守らなくて生産性の高い者が表彰されたり、昇進したりする。安全担当部門が組織図の上からは営業や他の部門の中に置かれて、担当者の数も少ないなど、無言の指示は沢山あります。

　かつて、放射能の臨界事故を起こした会社の場合、バケツ方式を考え出した人たちは、生産性を上げたということで表彰までされていました。

　実際に現場に出ている者は、上司や会社がどう反応するかの無言の指示を非常によく見ています。出した安全指示が守られない場合、かなりの確率で、それと違った無言の指示が出されている可能性があります。

　この文章の中には安全文化という言葉は出てきませんが、先ほどの「非公式の安全の価値観、安全文化」の重要性を具体的に教えています。すなわち、「上司は間違ったメッセージを出してはいけない」とか、「会社は『"言っていること"と"やっていること"』『理念と実行標準』の整合性を採らなければならない」ということです。

　このように価値観や安全文化という視点で考えると、自分達の欠点がだんだん明らかになり、そうすれば課題が見えてきて、具体的になすべきことが見えてきます。

【対策が間違っているから災害が再発する】

　過去にあった災害と類似の災害が発生した時に、あるコンサルタントに相談した際「いろいろ対策をとってきたのに、何で同じような災害が再発するのでしょうね」と質問すると、すかさず「それは、対策が間違っているからですよ」と即答されてしまいました。

　そして、話が進むうちに、災害原因の概念について白板に下図のような挿絵をさらさらと描いて、直接原因・間接原因・根本原因の違いを分かりやすく説明してくれたのです。

　地中に深く根を張った樹木を例にして、地上の目に見える部分を直接原因だとし、地中にあるいくつもの水脈のうち、特定の木の根だけに関係しているものを間接原因、そして多くの木の根が共通的に関与している水脈が根本原因だと説明してくれました（図3-3-4）。

　間接原因は、その影響が限定的ですが、根本原因である水脈に問題があって中央の木で災害が発生すると、同じ水を吸い上げているほかの木でも同じような災害が発生しても不思議ではないという考え方です。

　事故調査における根本原因の究明は、災害の再発防止をする上で非常に重要な取り組みですが、その根本原因の多くは、共通的な安全管理システムに内在している場合が多いと言われています。

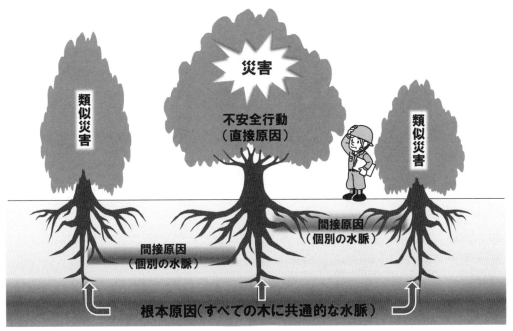

図3-3-4　根本原因の所在

第 **4** 章

安全文化の概念

第1節 安全文化とは何か？

第1節　安全文化とは何か？

● 第1項 ● 安全文化の定義

　1986年4月、旧ソ連ウクライナ共和国（現ウクライナ）のチェルノブイリ原子力発電所の休止中の4号炉で原子炉が停止したことを想定した実験中に制御不能に陥り、炉心が溶解し爆発するという重大な事故が発生しました。安全文化という言葉は、その事故調査にあたった国際原子力機関（IAEA）の国際原子力安全諮問グループ（INSAG＝International Nuclear Safety Advisory Group）が作成した「チェルノブイリ事故の事故後検討会議の概要報告書（1986年）」の中でチェルノブイリ事故の根本原因は、いわゆる人的要因にあり『安全文化』の欠如にあったと初めて言及されたものです（**写真4-1-1**）。

写真4-1-1　事故後コンクリートで覆われた原子炉

　そして、国際原子力機関（IAEA）が1998年に発行した安全報告書第11号の中で【事例1】のように説明しています。

【事例1】

　「安全文化とは、組織の安全の問題が、なにものにも勝る優先度を持ち、その重要度を組織および個人がしっかりと認識し、それを基点とした思考、行動を組織と個人が恒常的に、しかも自然に取ることの出来る行動様式の体系」と定義しています。

その後、安全文化については、多くの研究者がその定義づけを試みており、その表現事例の一部を以下に掲載します。

【事例2】

　イギリスの独立行政法人健康安全委員会（HSC）では、「安全文化とは、個人および集団の価値観、物事に対する取り組み姿勢、感性、専門的技術・技能および行動様式の成果物であり、それは当該組織の安全に対する意欲、取り組み姿勢、先進性の輪郭を決めるものである」と定義しています。

【事例3】

　イギリスの航空業界の監督官庁（UKCAA）の下部組織、国際航空安全支援（ASSI）という非営利団体では、「安全文化とは、組織の全員が、安全ということを特段意識しない状態でも安全行動ができ、安全に対して配慮できる風土である」と定義しています。

【事例4】

　米国化学工学会ケミカルプロセス安全センター（AIChE CCPS）では、安全文化が定着した結果のイメージを「Safety culture is how the organization behaves when no one is watching.」と表現しており、直訳すれば、「安全文化とは誰も見ていない時に、組織がどのように行動をするかである」となります。さらに、これを分かりやすく言い換えると「安全文化とは誰も見ていない時でも、社長以下従業員の一人ひとりが、安全に行動をすることである」と表現できます。

　イギリスの社会心理学者ジェームズ・リーズン博士は、著書『組織事故』の中で安全文化は「情報に立脚した文化」であるとし、その安全文化を構成する4種の文化について次のように説明しています。

情報に立脚した文化（Informed Culture）＝安全文化

　「悪い結果が発生していない状態で、正しい種類のデータを集めることが、知的で望ましい警戒状態を継続していく一番よい方法だ」と説いています。社内の出来事のみならず社外の情報も収集し、収集した情報を分析する。併せて情報を社内に発信して、事故や災害の予防や再発防止に生かしていくことが極めて重要だとしています。

①　報告する文化（Reporting Culture）

　同書では、「どんな安全情報システムでも、潜在的な危険と直接触れ合う従業員の積極的な参加に頼らざるをえません。これを達成するため、自らのエラーやニアミスを報告しようとする雰囲気」と説明しています。

　また、この報告する文化が機能するためには、従業員が懲戒処分を心配せずに自らのエラーやヒヤリ・ハットを容易に報告できる信頼の雰囲気を作り出すとともに、報告者の極秘性あるいは匿名性を確保し、報告によって会社が何らかの措置を取ることを報告者に迅速にフィードバックする必要があるとも説明しています。

②　正義の文化（Just Culture）

　同書では、「人間の不安全行動のごく一部は、言語道断な行為（例えば、薬物乱用、とんでもない不服従、サボタージュなど）であり、時には厳しい制裁が必要である。すべての不安全行動をむやみに許すことは、従業員の目には信頼感を欠くものと映り、正義に反しているように見えることだろう。必要なのは「正義の文化」であり、それは、安全に関連した本質的に不可欠な情報を提供することを奨励し、時には報酬を与えられるような信頼関係に基づいた雰囲気である。また、許容できる行動と許容できない行動の境界がどこにあるか明確に理解すべきである」と説明しています。

筆者追加：言い換えれば、意図しないエラーやそれに基づく不安全行動は懲戒せず、禁止事項として周知されているにもかかわらず、意図的な違反行為や不安全行動は必ず懲戒対象とするとともに、その判断がぶれることなく実行されることを求めるものであると、筆者は考えています。

③　柔軟な文化（Flexible Culture）

　同書では、「健康・安全・環境に関わる問題で一歩先を行く高信頼性組織では、業務過多あるいはある種の危険に直面した時に、自らの組織を再構築することができる能力を持っており、緊急時には従来の階層型からフラットな専門職構造へ移行し、緊急事態が過ぎれば元の階層型にもどるという組織の順応性」と説明しています。

筆者追加：エリク・ホルナゲル（E.Hollnagel）教授（パリ鉱山大学）が提唱する「レジリエンス」という概念がありますが、これは一般的に回復力とか復元力と解釈されています。東日本大震災時の医療機関や救助隊員がとった臨機応変な対応などが「レジリエンス」の事例

として挙げられ、まさに「柔軟な文化」に該当するように思われます。

　また、企業における日常業務を対象に考えると、現場作業のように時々刻々と変化する外的要因に対して従業員が臨機応変に対応して、その仕事を無難にやり切る能力なども「柔軟な文化」に通じるのではないかと筆者は考えています。

④　学習する文化（Learning Culture）

　同書では、「必要性が示唆されたときに、安全情報システムから正しい結論を導き出す意思と能力、そして、大きな改革を実施する意志」と説明しています。

筆者追加：会社や職場が社内外の事故や災害事例に学び、同様の事故や災害が発生しないよう予防策を講じるとともに、従業員は会社のルールや作業基準を学び、正しい作業行動に生かしていくことを求めるものです。

　安全文化に関する定義は、以上に掲載した解釈のようにいろいろな見方があることがわかります。これらの事例に共通する点は、国際原子力機関（IAEA）の定義を基点として、経営者から一般従業員に至る全員が、安全を大切にする共通的な行動様式を示すものとして表現されていることです。

　これまでに述べてきた大方の安全文化の概念は、原子力産業や航空運輸、鉄道輸送等、その事故の影響が甚大な産業から出てきたものであり、製造業や建設業、さらにはサービス産業に属する方々から見ると、取り付き難く感じられるかもしれません。

　しかし、安全文化は、安全な行動を自然に取ることのできる人の行動様式に関わる概念であり、事業規模や設備の規模に関係なく、人が働く事業場には必ず存在するものだと考えると具体的なイメージがわきやすくなります。すなわち、安全文化をあまり厳密に考えないで、最も平易な米国化学工学会ケミカルプロセス安全センター（AIChE CCPS）の定義を採用して、「安全文化とは、誰も見ていない時でも、社長以下従業員の一人ひとりが、安全に行動することである」とすれば、作業現場を持つ一般企業の経営者や安全管理者にも受け入れられやすい概念になるのではないかと筆者は考えています。

● 第2項 ● 　行動様式の発展段階とその特徴

　図4-1-1の「安全文化の発展モデル」では、安全文化のレベルに対応する組織と従業員の行動様式の成熟度を事後行動型、指示行動型、自律行動型、そして"ゼロ災"の実現が期待できる「協調行動型」の4種の発展段階に分けて表現しています

（JFEプラントエンジの安全文化モデルを筆者改変）。

　究極の「協調行動型」のレベルでは、個人的な成就だけではなく、お互いの安全を気遣いあって、チームとして災害を防いでいこうとするものです。この点において、古くから進めてきた日本の"ゼロ災運動"とかなり共通点があるように見えますが、安全文化を高める取り組みでは、現場の小集団活動に強く依存するものではなく、むしろ、現場の安全に経営者や管理者が積極的に関与して、現場の人たちの積極的な安全行動を引き出す取り組みになっています。

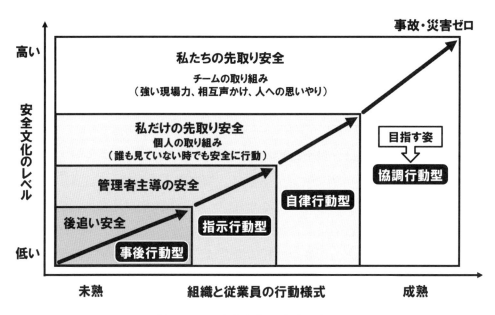

図4-1-1　安全文化の発展モデル

表4-1-1に行動様式の成熟段階とその特徴を示します。

表4-1-1　行動様式の成熟段階とその特徴

行動様式	特　徴
事後行動型　事故だ！　大変だ！	①　事故や災害が起こってから初めて安全活動に取り組むという「後追い安全」になっている。 ②　安全管理者と安全担当者は安全を意識しているが、多くの従業員は、安全への関心が低い。 ③　本能的に危ないと感じるものだけに注意する取り組みになっている。 ④　従業員は、けがによって仕事を失いたくはないので最低限の安全には取り組んでいる。

指示行動型 管理者主導 言われたらやろう	① 管理者が、安全を口うるさく言って作業者にルールや作業手順書に従わせる「管理者主導の安全」になっている。 ② 管理者はよく安全ミーティングを開催するが、現場の作業者は蚊帳の外に置かれている。 ③ 教育・訓練は、継続性がなく、懲罰的な手段として行われることが多い。 ④ 職場には、指示待ち的な雰囲気があり、言われて初めて行動を起こすことが多い。
自律行動型 自分の判断で安全に行動	① 従業員一人ひとりは、自分の行動に責任を持っており、人が見ていない時でも自分の判断で安全に作業を行い、改善意欲も高く、「私だけの先取り安全」が実現できている。 ② 作業手順書や施工要領書が完備され、常に最良の方法になるよう見直されている。 ③ 各種の安全衛生活動は、作業者に目的や理由をよく周知して役割を持たせ、参画意識を高めている。 ④ 管理者は、部下に考えさせるようコーチの役割に徹している。
協調行動型 それ危ないよ！ ありがとう	① 作業チームには、スムーズな双方向のコミュニケーションがとられ、良好なチームワークができている。 ② 従業員は、仲間同士の思いやりの心が定着し、共同作業者の不適切な行動に気付くと気軽に声をかけることができ、注意された共同作業者は、気持ちよく助言を受け入れることができる協調行動が浸透している。 ③ 従業員は、職場や仕事に対してプライドがあり、強い現場力の原動力になっている。 ④ 職場の全員に高い職務規律が定着し、責任感も強く、作業の改善意欲が高い。 ⑤ 管理者は、強い現場力をコーチングによってリードするとともに、適切な経営資源の投入によって職場の安全衛生活動をサポートしている。

● 第3項 ● 　安全文化が未熟な組織の特徴

　安全文化の発展段階は、その組織や従業員の行動様式によって大まかな企業の状況が推察されますが、これまでの外部情報や安全文化創生活動での取り組みによって得られた、安全文化の未熟な組織の特徴は、概ね以下のように列挙できます。

- 暗黙の了解や決まりが多い。
- 工期が迫ると安全手順が守られないことがしばしばある。
- 上司の決定に無条件で従うことが好まれる。
- 努力しても結果が出なければ評価されない。
- 現場従業員は工程管理を最重要視している。
- コミュニケーションが悪く、対等でない。
- 安全パトロールが取締型で強圧的になっている。
- 災害調査が責任追及型になっている。
- 安全衛生活動計画が、思いつき、作文的である。

● 第4項 ● 　安全文化が高い組織の特徴

　安全文化の高い組織には、概ね以下に列挙する特徴を有します。

- 社長が安全衛生に対して強い関心を持っている。
- 会社の安全に対する価値観が共有化されている。
- 十分な経営資源を確保し、安全衛生プログラムをサポートしている。
- 従業員が種々の活動に参画している。
- ラインを通したオープンなコミュニケーションができている。
- 作業手順書、記録等の文書の適切な管理ができている。
- 作業手順書に準拠して作業している。
- 従業員に安全な行動が習慣化している。
- 全ての職場で整理・整頓が行き届いている。
- 強いチームワーク意識がある。
- 従業員が組織や仕事に誇りを持っている。

コラム

【安全文化が話題になった事例】

　最近は、重大な事故が発生すると「安全文化が欠如していた」などと、安全文化が話題になることが多くなっていますが、JR西日本の福知山線脱線事故もその一つに挙げられます。

【JR西日本福知山線脱線事故の概要】
　未だに記憶に鮮明に残っている日本の鉄道事故として、JR西日本福知山線脱線事故があります。
　この鉄道事故は、2005年4月25日午前9時18分頃、JR西日本の宝塚駅発同志社前駅行きの上り快速列車（7両編成）が、福知山線の塚口駅から尼崎駅間の半径304mの右カーブを進行中、1両目の車両が左へ転倒するよう脱線し、続いて2～5両目が脱線し、1両目と2両目が、線路東側のマンションに激突したものです（**写真4-1-2**）。

毎日新聞社提供

写真4-1-2　事故状況

　この事故は、死者107名（運転士を含む）、負傷者562名の大惨事となり、兵庫県警および航空・鉄道事故調査委員会（現・運輸安全委員会）による事故原因の解明が進められ、2007年6月28日に最終報告書が発表されました。
　それによれば、
《調査の目的》「鉄道事故の原因を究明し、事故の防止に寄与することを目的として行われたものであり、事故の責任を問うために行われたものではない。」こと。
《事故の原因》「本事故は、本件運転士のブレーキ使用が遅れたため、本件列車が半径304mの右曲線に制限速度70km/hを大幅に超える約116km/hで進入し、1両目が左へ転倒するように脱線し、続いて2両目から5両目が脱線したことによるものと推定される。

　　　本件運転士のブレーキ使用が遅れたことについては、虚偽報告を求める車内電話を切られたと思い本件車掌と輸送指令員との交信に特段の注意を払っていたこと、日勤教育を受けさせられることを懸念するなどして言い訳等を考えていたこと等から、注意が運転からそれたことによるものと考えられる。

　　　本件運転士が虚偽報告を求める車内電話をかけたこと及び注意が運転からそれたことについては、インシデント等を発生させた運転士にペナルティであると受け取られることのある日勤教育又は懲戒処分等を行い、その報告を怠り又は虚偽報告を行った運転士にはより厳しい日勤教育又は懲戒処分等を行うという同社の運転士管理方法が関与した可能性が考えられる。」
と報告しています。

　　　また、マスコミ報道では、JR西日本は、関西私鉄各社との激しい競争にさらされており、競争を意識するあまり、スピードアップによる所要時間短縮や運転本数増加など、目前のサービスや利益が優先され、安全対策が十分ではなかったことが組織的な背後要因にあったとしています。

　　　また、本件の運転士は、運転暦11カ月であり、運転技術などが未熟だった可能性もありますが、JR西日本では、ダイヤ運行が守られない場合に乗務員に対する処分として「日勤教育」という、運転技術の向上等に役立つものではない懲罰的な教育を課していたため、乗務員の精神的プレッシャーを増大させるものになっていたのではないかとも報道しています。

　　　JR西日本では、この事故を受け、安全の視点を大きく盛り込んだ「企業理念」と「安全憲章」を社員と役員が一体となってつくり上げ、2006年４月１日付けで制定しました。

　　　「企業理念」は、会社が目指す方向性、大切にしたい共通の価値観を示すものとして、その第１項に「安全第一を積み重ね」の言葉が入っています。

　　　また、同社の説明によれば、「安全憲章」は、「企業理念」第１項に掲げた安全に関する具体的行動指針であり、JR西日本の一人ひとりが安全の担い手であることを自覚し、日常の場において、安全を最優先するという価値観に基づく行動が自然に出るよう定めたものだとしています。

　　　筆者がアンダーラインをつけた文章表現は、まさにJR西日本の安全文化を創ることを意味するものであり、今後ともに企業理念や安全憲章がJR西日本の価値判断の拠り所としてすべての役員と従業員の身体に染み込み、安全を最優先する行動が自然体で行われるようになることを期待します。

　　　また、私たちは、JR西日本の事例に学び、事故が起きる前に安全文化を創ることの重要性に気付いて、価値観に基づく安全経営を志向したいものです。

　　　参考までに、JR西日本の「企業理念」と「安全憲章」を次に掲載します。

JR西日本　企業理念

1．私たちは、お客様のかけがえのない尊い命をお預かりしている責任を自覚し、安全第一を積み重ね、お客様から安心、信頼していただける鉄道を築き上げます。

2．私たちは、鉄道事業を核に、お客様の暮らしをサポートし、将来にわたり持続的な発展を図ることにより、お客様、株主、社員とその家族の期待に応えます。

3．私たちは、お客様との出会いを大切にし、お客様の視点で考え、お客様に満足いただける快適なサービスを提供します。

4．私たちは、グループ会社とともに、日々の研鑽により技術・技能を高め、常に品質の向上を図ります。

5．私たちは、相互に理解を深めるとともに、一人ひとりを尊重し、働きがいと誇りの持てる企業づくりを進めます。

6．私たちは、法令の精神に則り、誠実かつ公正に行動するとともに、企業倫理の向上に努めることにより、地域、社会から信頼される企業となることを目指します。

JR西日本　安全憲章

　私たちは、2005年4月25日に発生させた列車事故を決して忘れず、お客様のかけがえのない尊い命をお預かりしている責任を自覚し、安全の確保こそ最大の使命であるとの決意のもと、安全憲章を定めます。

1．安全の確保は、規程の理解と遵守、執務の厳正および技術・技能の向上にはじまり、不断の努力によって築きあげられる。

2．安全の確保に最も大切な行動は、基本動作の実行、確認の励行および連絡の徹底である。

3．安全の確保のためには、組織や職責をこえて一致協力しなければならない。

4．判断に迷ったときは、最も安全と認められる行動をとらなければならない。

5．事故が発生した場合には、併発事故の阻止とお客様の救護がすべてに優先する。

（出典：JR西日本HPより引用）

第 5 章

安全文化の要素

第1節　安全文化の要素とその内容

第1節　安全文化の要素とその内容

　安全文化という言葉の意味やその概念は先に述べたとおりですが、いざ安全文化を創ろうとすると、安全文化がどのようなもので構成されているかを知る必要があります。

　ジェームズ・リーズン博士の『組織事故』では、そのまとめにおいて「安全文化は組織が持つものではなく、組織そのものである」と主張しています。そして、満足のいく「組織そのもの（筆者付記：安全文化）」という状態に向けて何かを完遂しようとする場合は、本質的に不可欠な要素を組織が持つ必要がある」とまとめています。そこで、本書では、ジェームズ・リーズン博士がいう「本質的に不可欠な要素」として、以下に示す5分野の安全文化要素を事例にしてそのエッセンスを紹介していきます。なお、それぞれの内容は、JFEプラントエンジが用いているオリジナルに対し、筆者が改変を加えたものになっています。

【5分野の安全文化要素】

1．価値観と指導力
  ①　ビジョン・安全方針・安全原則
  ②　経営者・管理者の高い意欲とリーダーシップ
2．職務別役割と能力
  ①　ライン管理者の役割と管理能力
  ②　安全衛生スタッフの役割と専門能力
  ③　従業員の安全意識と職務規律
3．安全衛生技術情報と従業員の育成
  ①　技術基準と作業手順
  ②　継続的な安全衛生教育とトレーニング
4．業務運営
  ①　総括安全衛生管理体制と安全衛生委員会
  ②　効果的な安全衛生活動と災害・事故の予防
  ③　効果的なコミュニケーション
  ④　災害・事故の報告・調査と再発防止
  ⑤　行動監査（安全パトロール）と組織監査（安全診断）
5．協力会社管理
  ①　発注者と受注者の役割と責任（総合体制、統括体制）

● 第1項 ● 「価値観と指導力」の分野

　価値観と指導力の分野は、安全文化を創っていく上で最も重要な要素であり、経営方針に沿って事業の安全を確保していくための基本的な方向性と準拠すべき基本的な考え方を定めるものです。そして、定めた価値観を機能させて具体的な行動を推進する原動力、いわば「安全エンジン」となる経営者や管理者の意欲や推進力を含めて価値観と指導力の分野としています。

①　ビジョン・安全方針・安全原則

　多くの企業においては、企業の個々の活動方針のもととなる基本的な考え方やなりたい姿としてのビジョン（企業によって経営理念や安全理念等種々の表現があるが、ここではビジョンに統一）が、企業の基本的価値を示すものとして設定されています。そして、このビジョンは、安全方針・安全原則の上位概念となるものです。

　ここで、安全文化という観点で見た場合、重要なことは、ビジョンにおいて、人間尊重や従業員の安全衛生、そして事業内容に応じて環境・防災に関することが謳われていなければならないということです。

　これらが謳われることにより、経営者をはじめ、各階層の管理者や従業員が業務の判断や決定を行うにあたり、誤解や混乱を避けることができます。

　しかしながら、ビジョンにおける人間尊重や安全衛生に関わる表現は、包括的であり、安全衛生に関わる価値観を従業員にとって、より分かりやすく表現したものが必要です。それが、安全方針、安全原則です。

　すなわち、「安全方針」は、安全をどのように位置づけ、実現するための道筋を示すものであり、「安全原則」は、安全方針の下に位置づけられ、日常業務を進める際の共通的な決めごととなるものです。安全方針と安全原則は、日常活動における価値判断のより所として、ビジョンと離齬が発生しないように設定する必要があります。

　また、作業手順や作業標準などは、その設定過程において、それらの上位概念になる「安全原則」そして「安全方針」さらには、「ビジョン」と離齬が発生しないようにしなければなりません。

ビジョン・安全方針・安全原則の「あるべき姿」

1）ビジョンには、社会正義に基づく人間尊重、安全衛生・環境の確保が謳われている。

2）安全方針・安全原則は、会社のビジョンと連動し、齟齬がない。

3）安全方針は、会社が目指す安全最優先の道筋を示すとともに、経営者・管理者の安全に対する強い決意が表明されている。

4）安全原則は、多くの業務に適用できる判断基準が平易に示されていて、従業員にも理解しやすいものになっている。

5）安全方針・安全原則は、項目ごとに丁寧な解説書が準備され、人によって解釈や説明がぶれないようになっている。

6）経営者・管理者は、平素から安全方針・安全原則を習熟して、従業員への周知と理解を深める努力をしている。

7）全従業員は、安全方針・安全原則について、定期的な学習の機会を通じて意味をよく理解し、その順守の重要性が腹落ちしている。

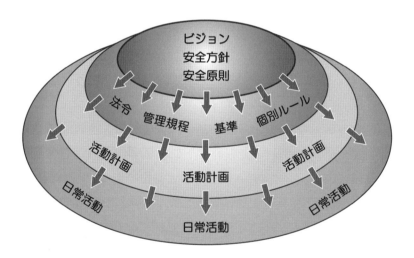

図5-1-1　「ビジョン・安全方針・安全原則」の位置づけ

② 経営者・管理者の高い意欲とリーダーシップ

　安全管理は、重要な経営課題であるといわれていますが、事業運営から安全を独立させてしまうと、安全の問題が安全担当役員や安全担当部門だけの問題として捉えられやすく、十分な効果が上がりません。むしろ、安全の課題は、品質管理、納期管理、コスト管理などと同様に重要な組織横断的な経営課題として認識して扱わなければなりません。そのように位置づけなければ、安全上の課題の優先度が、そのほかの経営課題よりも下がってしまい、人・物・金という経営資源に制約が伴って解決が難しくなります。

　経営資源の配分は、経営者や上級管理者が判断するものです。例えば、安全最優先のスローガンを掲げたポスター等を社内の各所に掲示して安全を訴えたとしても、現実は投資を渋って経営資源を適切に配分しない場合は、会社が言っていることと、やっていることが違ってしまうという言行不一致が生じるため、従業員の会社に対する信頼感が失われ、安全文化の創生はもとより、優良な安全成績は望めません。

　安全管理状態の劣化の兆候は、品質管理やコスト管理のように日々定量的に確認することが難しく、事故や災害として顕在化して初めて注目されるという宿命を負っているわけです。それだけに、経営者や管理者が安全を大切にしているということを、自らの言葉や行動によって従業員に示し続けることが求められているということです。経営者や管理者の言動は、常に従業員の関心の的であり、これは、会社内だけでなく、私生活の行動についても普段言っていることが行動と一致しているかどうかを見ています。

　例えば、社外の横断歩道で黄色の点滅信号にもかかわらず、走って渡り始めるなどの行為を見た従業員は、一瞬にして、その上司を信用しなくなってしまいます。従って、経営者や管理者が安全最優先を推奨し、従業員にその実践を求めるからには、自らが模範的な行動を率先垂範することが求められているのです。

図5-1-2　管理指標

経営者・管理者の高い意欲とリーダーシップの「あるべき姿」

1）経営者・管理者は、安全の重要性とすべての災害は防ぐことができるという信念をもって語っている。

2）経営者・管理者は、無災害の組織目標を設定し、その達成に向けて率先垂範している。

3）経営者・管理者は、全従業員に対して、高い安全目標を示し、その実現に向けた取り組みを求めている。

4）経営者・管理者は、安全成績向上のために、リスクの高い作業を抽出して効果的な対策を実施している。

5）経営者・管理者は、継続的に経営資源を確保して、問題のある作業の安全化を図り、安全レベルを向上させている。

6）経営上の意思決定において、安全は、常に品質、納期、コスト等の管理指標と同等の優先順位に置かれていて、決して後回しにされることはない。

7）経営者・管理者の安全に対する決意や取り組み姿勢は、本気であると全従業員に感じられている。

● 第2項 ●　「職務別役割と能力」の分野

　企業には事業を運営するための組織がきめ細かく張り巡らされ、それぞれの組織の業務分掌に応じた職務を遂行するために従業員一人ひとりに役割分担がされています。企業は人の集団であり、堅牢なお城に例えると「人は城、人は石垣、人は堀」という言葉のとおり、一人ひとりがお城の石垣や木組みのようなそれぞれの役割をしっかり果たすことによって成り立っています（**図5-1-3**）。

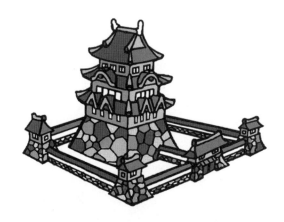

図5-1-3　堅牢なお城

この役割分担においては、この程度はやってほしいという期待値のみを示す場合や職務基準表等によって詳細に記述したものを作成する場合があります。このあたりは、企業によって千差万別ですが、役割を与えられ、なすべき義務（期待される仕事の質や量）が本人の業務遂行能力に見合っているかということが非常に重要なファクターとなります。

　しかし、ただ「義務」を与えるだけでは仕事は進みません。また、業務遂行に関する「責任」と職務を遂行するための「権限」を与えたとしても、「義務」「責任」「権限」の3つが等価の関係になければ、期待される職責を果たすことができません（三面等価の原則）。

①　ライン管理者の役割と管理能力

　ここでいう「ライン管理者」とは、企業における組織の安全管理体制を担当する工場長や室長などと呼称される安全管理者をいい、担当組織運営の長になる者です。企業の業務遂行において、ライン管理者に求められる役割は、安全・衛生管理をはじめとして、環境・防災管理、品質管理、納期（工程）管理、コスト（収益）管理、人事管理などで、これらの管理業務を遂行する能力が求められています（**図5-1-4**）。

図5-1-4　ライン管理者の職務

安全管理者・衛生管理者の職務として次のようなものがあります。

【安全管理者】

ア　建設物、設備、作業場所又は作業方法に危険がある場合における応急措置又は適当な防止の措置（設備新設時、新生産方式採用時における安全面からの検討を含む）

イ　安全装置、保護具その他危険防止のための設備・器具の定期的点検及び整備

ウ　作業の安全についての教育及び訓練

エ　発生した災害原因の調査及び対策の検討

オ　消防及び避難の訓練

カ　作業主任者その他安全に関する補助者の監督

キ　安全に関する資料の作成、収集及び重要事項の記録

ク　その事業の労働者が行う作業が他の事業の労働者が行う作業と同一の場所において行われる場合における安全に関し、必要な措置

ケ　安全衛生に関する方針の表明に関すること

コ　労働安全衛生法第28条の２第１項危険性又は有害性等の調査及びその結果に基づき講ずる措置に関すること

サ　安全衛生に関する計画の作成、実施、評価及び改善に関すること

　なお、安全管理者は、作業場等を巡視し、設備、作業方法等に危険のおそれがあるときは、直ちに、その危険を防止するため必要な措置を講じなければなりません。

【衛生管理者】

ア　健康に異常がある者の発見及び処置

イ　作業環境の衛生上の調査

ウ　作業条件、施設等の衛生上の改善

エ　労働衛生保護具、救急用具等の点検及び整備

オ　衛生教育、健康相談その他の労働者の健康保持に関する必要な事項

カ　労働者の負傷及び疾病、それによる死亡、欠勤及び移動に関する統計の作成

キ　その事業の労働者が行う作業が他の事業の労働者が行う作業と同一の場所において行われる場合における衛生に関し、必要な措置

ク　その他衛生日誌の記載等職務上の記録の整備等

ケ　安全衛生に関する方針の表明に関すること

コ　労働安全衛生法第28条の２第１項危険性又は有害性等の調査及びその結果に基づ

き講ずる措置に関すること

サ　安全衛生に関する計画の作成、実施、評価及び改善に関すること。

　なお、衛生管理者は、少なくとも毎週1回作業場等を巡視し、設備、作業方法または衛生状態に有害のおそれがあるときは、直ちに、労働者の健康障害を防止するため必要な措置を講じなければなりません。

　安全文化を創生し、限りなく労働災害ゼロに近づけていくためには、法令順守に加え、より高いレベルの職務を遂行していくことが求められます。JFEプラントエンジでは、労働安全衛生マネジメントシステム（OSHMS）に安全文化の要素を反映した「災害防止のマネジメントシステム」をつくり、その中に14の管理機能を設定（第9章参照）して、その実践をライン管理者の役割にしています。

ライン管理者の役割と管理能力の「あるべき姿」

1）ライン管理者は、自組織の業務運営にとって優良な安全衛生管理は必須の要件であると確信しており、安全衛生目標達成のために努力を惜しまず取り組んでいる。

2）ライン管理者は、担当組織の安全衛生管理業務に部下とともに取り組み、専門的な安全技術や知識を要する課題については、安全衛生専任部門のスタッフ（以下、安全衛生スタッフ）に支援を求めている。

3）担当組織で発生した災害・事故の調査と再発防止対策や災害・事故予防のための取り組みなど主要な安全衛生管理業務は、ライン管理者が積極的に主導している。

4）ライン管理者は、安全衛生上、解決すべき課題を特定し、専門的な知識や技術が必要な対策については、安全衛生スタッフの参画を求めて効果的な対策を立案し、従業員に対策実施を指示している。

5）ライン管理者は、担当組織の安全衛生管理責任は自らにあることを自覚しており、安全衛生スタッフはあくまでも安全衛生管理を進めるための重要な補佐役となっている。

6）会社の職務基準表等によって、安全衛生管理におけるライン管理者の職務、権限、責任（実行責任と結果責任）が明確にされている。

7）ライン管理者の安全衛生管理業務の成果として、安全成績が人事評価に反映されている。

②　安全衛生スタッフの役割と専門能力

　各企業で実施されている代表的な安全衛生専任部門の業務を挙げてみると次のような多様な仕事があります。実は、これらには、本来はライン職制が担うべき業務まで混在しています。

【代表的な安全衛生業務（環境防災が担当範囲の場合はその職務を追加）】

1. 監督行政（警察署、労働基準監督署、消防署）や外部団体（県、市所轄の労働基準協会等）との良好な関係確立と維持
2. 事業所全体で必要とされる年間安全施策等についての調査・分析と年度方針や年間活動計画策定
3. 安全監査から事業所全体の傾向分析と施策検討
4. 災害や事故の発生傾向分析
5. 安全衛生に関する諸情報のライン組織への提供
6. 安全衛生上の課題についての管理者への助言
7. 事業所主催の安全集会を開催
8. 事業所共通の安全衛生ルール等の策定および施行
9. 事業所共通の安全衛生教育の企画と実施
10. 安全監査計画策定および実施
11. 災害や事故の調査・分析・対策
12. 安全で衛生的な作業手順書や施工要領の作成
13. 安全衛生活動計画策定および活動の開始
14. 業務上の安全衛生に関する従業員への教育
15. 監督者や作業指揮者の安全と健康に関する責任の教育
16. 安全衛生委員会の議長役
17. 安全衛生活動の目的や目標の決定
18. ヒヤリ・ハット情報の分析と活用
19. 個別安全衛生ルールの策定および施行
20. 緊急事態対応計画の策定

　安全衛生スタッフは、通常ライン組織より選出されて安全衛生専任部門に配属されますが、配属されてもルーチンワークを淡々と消化しているだけになっている場合が多いのが実情です。しかし、これでは、ただ忙しくしているだけで、何ら戦略的な安全管理は望めません。

そこで、安全衛生スタッフの仕事を見直し、本来、ライン職制が担うべき安全衛生業務（例えば、前述の代表的な安全衛生業務リストNo.11~No.20など）をライン化して、安全衛生スタッフの人数を増やすことなく時間的余裕をつくり出だして、安全衛生スタッフの専門知識や経験を必要とする職務に専念できるようにして、専門能力を高めていく努力が必要です。また、安全衛生業務のライン化によって、従業員の安全衛生の確保はライン職制の責任であることが理解されるようになり、ライン管理者や監督者の積極的な関与が期待できるようになります。

　そして、安全衛生スタッフは、事業所の課題の把握に精力を注ぐことによって、ライン管理者に対して、当該組織の安全衛生管理レベルアップにつながる助言をしたり、業務本体と密接に関連する問題解決のために、より具体的な改善指導をしたりすることが可能になります。安全衛生スタッフには、事業所全体の安全衛生に関わる管理レベルを高めるために、ライン職制へ助言し、指導する責任があるとともに、安全衛生に関わる最新の知識や技術を習得して、高い専門性を発揮することが期待されています。

安全衛生スタッフの役割と専門能力の「あるべき姿」

1）安全衛生スタッフは、関係法令および安全衛生技術に精通し、ライン管理者に対して効果的な助言を行っており、ライン管理者から厚い信頼を受けている。

2）安全衛生スタッフは、事業所の安全衛生管理傾向を分析し、戦略的な安全衛生活動計画立案によって安全衛生水準の向上に寄与している。

3）安全衛生スタッフは、ライン職制が行う安全衛生業務について、ライン管理者や監督者の求めに応じて適切な指導を行っている。

4）安全衛生スタッフは、会社のビジョンや安全衛生に関する価値観を信奉し、その普及についてライン管理者を支援している。

5）安全衛生専任部門は、常に最新の法令情報、安全技術情報を広く外部に求めて、事業所の安全衛生管理レベルの向上を図っている。

③　従業員の安全意識と職務規律

　日本の製造現場や建設工事現場では、「現場力」という言葉が使われてきました。これは、自分や仲間から「けが人」を出さないよう常に安全を最優先とした行動をしようという高い安全意識を持ち、決められたことを決められたとおり、毎回、全員が実践するという「職務規律」が職場に定着して、現場で働く人々が自ら考え、能動的に行動する力を意味しています。

　しかしながら、日本のお家芸でもあったこの「強い現場力」は、経済状況の変化や世代交代による仕事に対する価値観の変化、正規社員や非正規社員の混在等による人間関係の多様化などの影響によって、過去のように「強い現場力」に根ざした安全衛生確保や安全衛生管理を期待することは難しくなりつつあります。

　このような状況の中で「強い現場力」を育てることは、かなり困難を伴う取り組みになりますが、安全衛生を確保する上で、現場力は、必須の要件であり、これを現場の監督者だけに依存することなく、現場力を高める仕組み（行動ベースの取り組み）によって、高めていかなければなりません。

　そのためには、従業員に対する「動機付け」という最も重要なファクターに着目する必要があります。

　現場の人たちが自分たちで考えて行動するという、好ましい行動サイクルが回っていることが確認されれば、彼らの上司であるライン管理者や監督者がそれを認め、奨励し、さらにレベルが上がるような指導をすることが動機付けのポイントです。

　そして彼らが困っているときには、ライン管理者や監督者が積極的に関与して、常に上司から温かく見守られているという一体感を持ってもらうことが、安全な行動やルールを守る動機付けになっていきます。

　従業員の士気を高め、高い職務規律に基づく行動を実現するために特に配慮すべきことは、経営幹部やライン管理者が、率先垂範し、自ら安全ルールを守ることです。そして、自分の都合でルールを曲解したり、省略行為をしたりするなどの例外を決して作らない。すなわち、経営幹部やライン管理者は、社内、社外関係なく、自らの行動を律して、平素社内で言っていることと、実際に行動していることの一致が求められているということです。

　従業員の士気や職務規律は、従業員だけの問題ではなく、組織全体の問題として捉えるべき経営課題としての認識が必要です。

1）従業員は、毎日の作業において、会社の安全方針と安全原則を順守して人が見ていない時でも安全で衛生的に行動している。

2）従業員は、安全衛生基準や作業手順書を順守することが、危険を回避し、作業の安全衛生を確保するために重要であることを認識して行動している。

3）従業員は、毎日の業務においてチームの同僚の安全や健康にも気を配り、声を掛けあうなど注意深い行動をしている。

4）従業員は、自職場の安全衛生活動について、計画、実施、評価の各段階において従業員一人ひとりが参画し、役割を果たしている。

5）従業員は、労働災害防止についての関心が高く、積極的に職場の安全衛生上の問題を発見し、創意工夫を加えた提案を行っている。

6）会社の安全衛生施策に関して、従業員が提案できる仕組みがあり、それらの提案は尊重され、実施に移されることが多い。

7）従業員の会社に対する提案は、秘匿性が確保され、提案者に対して迅速な回答がなされている。

● 第3項 ● 「安全衛生技術情報と従業員の育成」の分野

　安全衛生技術の要素は、事業を運営していく上で必要不可欠な作業設備や道工具・作業環境・原材料等に関する各種のハードウェアに関する技術情報とともに、作業を安全に遂行するための作業標準や個別の作業手順等のソフトウェアに関する技術情報が含まれます。そして、これらの技術情報を従業員が活用できるようにするための継続的な教育や技能トレーニングについて、あるべき姿を規定しています。

① 技術基準と作業手順

１．技術基準

　技術基準は、安全衛生管理の基幹となる情報の総称であり、設備規模や生産プロセスの内容により、膨大な情報が含まれています。

　機械安全に関わる国際安全規格ISO/IECガイド51によれば、技術情報は、規格として次の３階層に分類されています（**図5-1-5**）。

A．基本安全規格

　　全ての規格類で共通に利用できる基本概念、設計原則を扱う規格

B．グループ安全規格

　　広範囲の機械類で利用できるような安全、又は安全装置を扱う規格

C．個別機械安全規格

　　特定の機械（工作機械、産業用ロボット、鍛圧機械、無人搬送車、化学プラント、輸送機械など）に対する詳細な安全要件を規定する規格

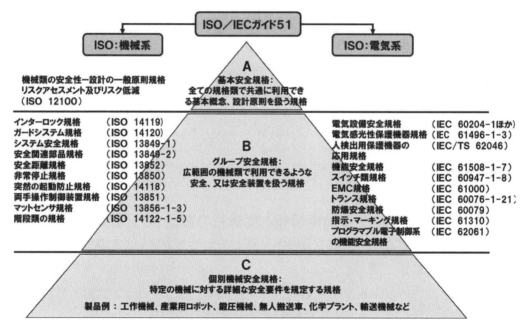

図5-1-5　安全規格体系の階層化構造

また、企業が生産活動を行うに当たり、取り扱われる原材料には、危険性・有害性を含むものがあるために、取り扱い物質に関わるSDS（Safety Data Sheet）を事前に収集し、化学物質に関するリスクアセスメントを実施するなど、人体や環境への影響を評価しておく必要があります。

　技術情報は、膨大かつ広範囲に及ぶものであり、かつ時々刻々変化していくものです。したがって、高いレベルで安全衛生を確保するためには、技術情報が適切な変更管理によって常に最新の状態で蓄積され、利用可能な状態を維持しなければなりません。

２．作業手順

　事業場の中では、工場操業部門や設備保全部門がライン内に立ち入って行う「定常作業※1」や「非定常作業※2」において、従業員が安全に作業できる状態を準備する「条件設定※3」に関わるもの、高所作業における墜落防止措置、個人用保護具の着用に関する措置など共通的な作業手順があります。

　一方、個別の作業ごとに設定する安全で衛生的な作業手順は、「○○作業手順書」として作成されます。

　ここで考慮すべき点は、「作業手順書」に記載されている内容が作業の進め方や品質基準に偏重することなく、準備作業−本作業−後片付け作業の各段階における仕事のやりやすさ（勘所）や安全衛生上の急所および異常時の緊急措置などを記載するとともに、その理由を従業員にも分かりやすい表現で記載することです。

用語の定義
　※1 「定常作業」とは、日常的に反復・継続して行われる作業であって、生産計画により予め立てられた計画に沿って行われ、作業の手順を定めた基準書が整備されている作業をいう。
　※2 「非定常作業」とは、定常作業として定義している作業以外の全ての作業をいう。
　※3 「条件設定」とは、生産設備のライン内において従業員が安全に作業できる状態を準備することをいう。具体的には、生産設備の運転を停止した上で、隣接する設備を含めた設備の動力源の二重遮断、油空圧設備の停止及び残留圧力の除去、有害ガス等の二重遮断および置換、機械的ストッパーの取り付け、放射線源の遮断等の安全措置を実施して、操作禁止札（個人命札、職場代表札等）を取り付けることをいう。
　出典：『鉄鋼生産設備の非定常作業における安全衛生対策のためのガイドライン』（平成27年2月 厚生労働省）より

技術基準と作業手順の「あるべき姿」

1）安全衛生基準および作業手順は、企業内の安全原則、関係法令およびJIS、ISO等の公的規格に合致して齟齬がない、あるいはそれを上回っている。

2）作業手順書は、作業に関わる作業ステップごとに注意事項（安全衛生、成否、やりやすさ）が記載されている。

3）機械設備の運転のための作業手順書には、作業開始条件、通常運転、通常停止および緊急停止等の手順が具体的に記述されている。

4）安全衛生基準および作業手順は、制定前に関係する現場での試行を行い、職場の意見を反映して制定する。その後は、定期的に見直され、必要に応じてライン管理者の承認の下で改善されている。

5）従業員は、自職場の作業に関連する安全衛生基準および作業手順に精通し、毎日の作業で安全衛生基準および作業手順を順守している。

6）主要な作業を安全で衛生的に遂行するための作業手順が確立しており、文書化され、教育トレーニングを通じて全従業員に周知している。

7）従業員の危険回避のための禁止ルールが制定され、定期的な教育によって、禁止ルールの内容を周知するとともに、違反が懲戒の対象となることを全従業員に周知している。

②　継続的な安全衛生教育とトレーニング

　教育訓練は、人をあるべき姿に変化させることを目的に意識的に働きかける取り組みであり、企業の人材を育てる重要な安全文化要素です。特に、作業現場で働く監督者や従業員に対しては、心と体の両面に働きかけて、知識を増やし、技能を身につけさせ、正しく行動する態度をしつけることによって、その人の日常の安全な行動力や正しい作業の実行力を高めていく必要があります（**図5-1-6**）。

　しかし、知識教育を行い、技能訓練で正しい作業技能を身につけさせても、必ずしも習ったことを正しく実践してくれるとは限らず、ここに教育訓練の難しさがあるのです。

　教えられた知識の活用、体験して身に付けた技能を実践してもらうためには、ライン管理者の積極的な関与の下で、現場を預かる監督者が親身になって継続的にOJT（On-the-Job Training）を実践することが不可欠です。このOJTを通じた態度教育に

よって、正しい作業の大切さが「腹落ち」するようになり、教育対象者が望ましい方向に変わっていくことが確認できるようになります。

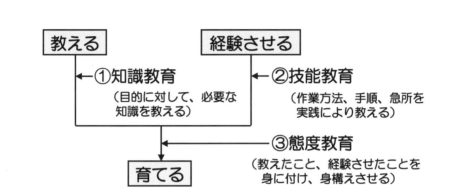

教育訓練には、何のために行うのかという、明確な目的が必須要件

①知識教育

　＊取り扱う機械、設備の構造、性能の概念形成を図る。

　＊災害発生の原理を理解させる。

　＊安全衛生に関する法規、規程、基準を教える。

　＊作業に必要な心身機能の働きを教える。

②技能教育

　＊作業の基礎となる技能・技術を習得させる。

　＊前記の基礎技能・技術を踏まえて、応用技術を習得させる。

③態度教育

　＊安全衛生作業に対する心構え、身構えを教える。

　＊職場規律、安全規律を身に付けさせる。

　＊意欲づけ、やる気を起こさせる。

図5-1-6　3つの教育の関係

　すなわち、教育訓練は、人が習得した知識や身に付けた技能を職場や作業現場で「人が見ていなくても実践」してくれるようになって初めて成果があったといえるのです。これが「人を育てる」ということです。

　図5-1-7に示すように、教育訓練によって人をあるべき姿に変化させる取り組みにおいては、知識教育は比較的容易に進みますが、技能教育から態度教育へと進む過程は時間を要するとともに、困難が伴いますのでライン管理者の積極的な関与（バックアップ）が必要です。

　安全衛生に関する教育訓練は、現業職に限らず、管理者や経営者層にも役割階層に応じて必要とされる能力をつける教育が必要です。

　すなわち、役割階層が高くなるに従って、求められる能力が変わってきて、専門的能力の比率が減少し、対人能力や概念化能力の比率が高まってきます（図5-1-8）。

　したがって、安全衛生教育は、階層別役割や職務内容に応じて体系化し、高い教育効果が得られるよう教育内容や手法、時間、教材、フォローの方法、講師や教育機関などを選択して、計画的に実施する必要があります。

　また、体系化した安全衛生教育は、一過性で終わらせることなく、改善を加えながら、役立つと期待される教育として、会社の管理規程にも登録して継続性を確保することが大変重要です。

　しかし、規程に登録しても時間の経過とともに、教育目的を見失い、教育することが目的になってしまうと、経営者や管理者の関心が低下して、安全衛生教育が経費節減の対象になってしまいます。これは心すべきことです。

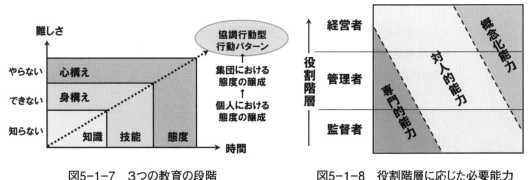

図5-1-7　3つの教育の段階　　　　　　図5-1-8　役割階層に応じた必要能力

継続的な安全衛生教育とトレーニングの「あるべき姿」

1） 安全衛生教育・トレーニングが災害や事故の低減に効果を上げており、安全成績向上に役立っている。

2） 経営者、ライン管理者や教育スタッフは、安全衛生教育・トレーニングの目的が従業員を育成するための手段であることを理解している。

3） 安全衛生教育・トレーニングは、階層別役割や職務別に教育カリキュラムが設定され、教育管理規程によって受講対象者、受講教育コース、受講時期等が定められている。また、教育・トレーニング受講履歴は、従業員別に教育履歴管理システム等により、登録管理されている。

4） 安全衛生教育・トレーニングの受講対象者は、経営者から一般社員に至る全従業員が対象になっている。

5） 国内法令に基づく技能資格取得のための教育が、実施されている。

6） 新入社員および転入者に対する安全衛生教育が制度化されており、その中にはビジョン・安全方針・安全原則および技術基準・作業手順に関するものが含まれている。

7） 安全衛生教育・トレーニングの教材と講師は、教育内容に応じて社内で準備する、または、外部教育機関へ委託する等、最適な選択が行われている。

● 第4項 ●　「業務運営」の分野

　業務運営の分野は、日常業務や日常活動をいかに運営するかということについて①〜⑤の５つの要素についてあるべき姿を規定するものです。

　　①　総括安全衛生管理体制と安全衛生委員会
　　②　効果的な安全衛生活動と災害・事故の予防
　　③　効果的なコミュニケーション
　　④　災害・事故の報告・調査と再発防止
　　⑤　行動監査（安全パトロール）と組織監査（安全診断）

①　総括安全衛生管理体制と安全衛生委員会

　全産業に共通する総括安全衛生管理体制に付属する安全衛生委員会は、労働安全衛生法（以下、安衛法）第19条において、同第17条の安全委員会、同第18条の衛生委員会の設置に代えて設置できるとしたものです。

　安全衛生委員会では、次の事項に関する事項を調査審議し、事業者に対して意見を述べることとしています。

１．労働者の危険及び健康障害を防止するための基本となる対策に関すること。

２．労働者の健康の保持増進を進めるための基本となる対策に関すること。

３．労働災害原因及び再発防止対策で、安全と衛生に係るものに関すること。

４．労働者の健康障害の防止及び健康の保持増進に関する重要事項。

　また、安全衛生委員会の構成は、議長は事業の実施を統括管理する者もしくはこれに準ずる者がなり、それ以外の委員の半数については、労働組合を代表する者（労働者の過半数を代表する組合がない場合は、過半数代表者）、残りの半数は会社を代表する者（管理者等）が委員になって上記事項について議論し、労使合意の上、改善に繋げていきます。

　過去の安全衛生委員会では、大手の企業においても、これらの安衛法の趣旨が徹底せず、労使の人数バランスが崩れていたり、また協力会社にも出席を求めたりして、大人数が参加する安全大会のようになり、議論することもなく、会社側からの要請や情報伝達の場になっていた事例が多く見られました。

　安全衛生委員会は、安衛法で規定されるとおり、安全衛生上の課題を労使で議論し、解決に結びつけることがその使命です。しかし、安全衛生委員会委員だけの知見だけでは解決できない課題がたくさんあります。

　これを解決するため鉄鋼会社の製鉄所等の安全衛生委員会では、その下部組織として、専門委員会を常設あるいは有期に設置し、事業場の組織全体より、各分野の専門

知識や技能を保有する委員を集めて専門的な検討を行ってもらい、課題の解決策を安全衛生委員会に答申する制度を持っているところも多くあります。

　JFEプラントエンジが取り組んできた「安全文化創生活動」は、安衛法で規定された事業場単位の安全衛生委員会の枠組みを超えて、社長を委員長とする全社横断的活動として取り組んだ事例であり、その進め方は、委員会活動のあるべき姿を示すものです（細部は、第6章「安全文化創生活動」を参照）。

総括安全衛生管理体制と安全衛生委員会の「あるべき姿」

1）事業所の総括安全衛生管理体制は、安衛法に適合するよう事業の種類、事業所の従業員人数規模に応じた役割配置が行われ、安全衛生委員会が設置されている。

2）安全衛生委員会は、総括安全衛生管理体制の下で、事業所の安全管理に関して最高審議機関として位置づけられ、事業所長が委員長、事業所ライン管理者および労働組合代表が委員、安全衛生スタッフが事務局として運営されている。

3）安全衛生委員会は、安衛法に適合するよう委員が選任され、定期に開催されている。

4）安全衛生委員会では、労働者の危険および健康障害防止、健康の保持増進の基本事項、労働災害原因及び再発防止対策に関する協議を行い、事業所全体および各部門の安全管理レベルの向上につながっている。

5）安全衛生委員会は、その下部組織として、専門委員会を常設あるいは有期に設置して専門的な検討を行い、課題の解決策を安全衛生委員会に答申する活動を行っている。

6）専門委員会では、安全管理の主要課題に対して、事業場の全組織より専門知識を保有する経験豊富な従業員が委員長として選任され、他の委員をリードして課題解決策の検討を行っている。

7）安全衛生スタッフは、専門委員会の事務局として課題検討をコントロールし、予定期間内に成果を出している。

②　効果的な安全衛生活動と災害・事故の予防

　第2項①の「ライン管理者の役割と管理能力」で述べたように、管理業務は多岐にわたりますが、安全衛生管理（必要により、環境・防災管理を加える）においても、効果的な安全衛生活動を企画し実施するためには目標を明確にして、その目標を達成するための施策を活動計画に反映しなければなりません。

　安全衛生活動における目標が不明確であったり、毎年同じような目標の繰り返しであったりする場合には、その活動は形だけのものとなって形骸化してしまいます。これでは安全衛生活動の意味がありません。

　多くの企業では安全目標を「重大災害ゼロ」とか「労働災害ゼロ」「業務上疾病ゼロ」などとしているところが見られます。

　しかし、これは、休業災害以上ゼロあるいは不休災害以上ゼロを意味するものであって、結果指標に過ぎません。

　これは、あくまでも社長や経営者層にとって企業としての最終目標ではあっても、個々の職場レベルで見ると、毎年無災害を継続している職場がほとんどであり、安全衛生活動の具体的な目標としては、むしろ不適切な目標であると考えなければなりません。

　では、ライン組織や職場レベルで行う安全衛生活動の目標設定はどのようにすれば良いのでしょうか？

　中央労働災害防止協会発行の『職長の安全衛生テキスト』における職場の安全衛生実行計画時に考慮すべき事項によれば、**表5-1-1**に示す4段階法に基づく安全衛生実行計画立案を推奨し、第2段階で重点実施事項とそれぞれの目標レベルの設定の考え方を提唱しています。

表5-1-1　安全衛生実行計画策定の4段階法（筆者一部追加）

第1段階	職場の問題点の把握 （リスクアセスメント）	・過去の災害、安衛活動等の分析 ・職場環境をめぐる周辺状況の変化 ・職場の「あるべき姿」 ・職場特有の問題点
第2段階	重点実施事項の決定 （事業場計画と矛盾のないこと）	・重点実施事項 ・目標レベルの設定（具体的に数値化）
第3段階	（1）職場の実行計画の作成 （2）計画の実施	・5W1Hによる計画作成 ・職場一人ひとりの役割分担 ・部下への説明と納得（動機付け） ・進捗状況の把握（職長の関心度）
第4段階	職場の計画の評価・改善	・活動結果の評価 ・改善

この考え方は、労働安全衛生マネジメントシステム（以下OSHMSという）という安全衛生管理の仕組みの一環で行う、リスクアセスメントの結果に基づいて特定した問題点（現状レベルとあるべき姿の差）を解決するために、あるべき姿（目指す到達レベル）を目標にするものです。

　リスクアセスメントは、生産設備および機械の安全性や定常作業、非定常作業を対象に安全診断（Safety Audit）を行い、危険源（Hazard）を特定して本質安全化〜個人用保護具の使用によるリスク低減措置を実施するものです。

　リスク低減措置における改善実行計画を、ライン組織や職場の安全衛生活動計画として推進するケースが多く、この場合は目標が定量的なものとなって分かりやすく、またその効果がリスク評価によって定量化されるため、従業員の賛同も得られやすい特徴を持っています。

　図5-1-9は、安全衛生活動計画の目標設定と問題点の解決手段（対策）の関係を示したものであり、次の3点を示唆しています。

　　1．目標（あるべき姿）を持たないと「問題点の発見」ができない。
　　2．目標と現実の「差」を認識しないと「手段」を誤る。
　　3．目標と現実の「差」を認識しないと「成果の評価」ができない。

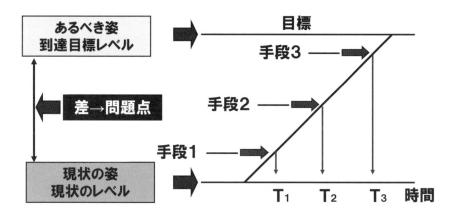

図5-1-9　目標設定と問題解決の手段

　一方、安全衛生活動の分野を、リスク低減という直接的な取り組みから、不安全行動や不安全状態によるリスクを誘発する組織的な要因にも目を向ける必要があります。管理システム上の課題は、職場や従業員の問題ではなく、経営上の課題であり、経営者を含め管理者が中心になって取り組むべきです。その代表的な取り組みが安全文化の要素について、事業所全般にわたる「安全診断」を通じて顕在化する組織の弱点を補強する安全文化創生活動です。この活動は、安全衛生を切り口とする経営基盤の強化活動でもあり、この活動も目標設定は、○○の仕組みを作る・・・などのように数値で表現できるものではないため、できるだけ抽象的な表現を避けなければいけません。

　また、活動計画においては、管理システムの改善は、自分たちの管理組織だけでは解決できない場合が多いため、計画段階より関係組織を明確にして、課題を共有化して協力関係を築く努力が成功の秘訣です。安全文化創生活動に関しては、第6章で言及します。

効果的な安全衛生活動と災害・事故の予防の「あるべき姿」

1）安全衛生目標が具体的に設定され、安全衛生実行計画が日常業務の中で従業員に支持され、その実行に全従業員が参画している。

2）組織や職場の安全レベルを測定するため、事故や災害の件数およびヒヤリ・ハット報告の件数等の事実情報を活用する仕組みが確立され、管理ツールとして活用されている。

3）安全成績は、事業の競争力向上に必須であると認識されている。

4）ライン管理者は、個人目標管理業績を面談する時、「安全成績の先行指標」を指導材料として有効に活用している。

5）安全パトロールでの不安全状況の改善指導、ヒヤリ・ハットや改善提案の提出状況、職場安全衛生会議への参加状況等を「安全成績の先行指標」としてデータ化し、それらの傾向や内容を分析している。

6）リスクアセスメントや安全パトロール、ヒヤリ・ハット報告等で特定された危険・有害情報、安全成績の先行指標等を反映して、具体的な安全衛生活動を策定し、事故や災害の予防に取り組んでいる。

7）ライン管理者は、リスクの概念やリスクアセスメントの進め方を教育し、職場全員で自職場の危険性・有害性の要因を特定して、リスク低減への取り組みを推進するとともに、改善措置のための経営資源を常に確保している。

③　効果的なコミュニケーション

　辞書によれば、「コミュニケーションとは、人間が互いに意思・感情・思考を伝達し合うことであり、言語・文字その他視覚・聴覚に訴える身振り・表情・声などの手段によって行う。また、情報の伝達、連絡、通信の意だけではなく、意思の疎通、心の通い合いという意でも使われる」と説明しています。

　製造業や建設業でよく使われる言葉に「報・連・相」というものがありますが、これがコミュニケーションを代表するものです。

　例えば、建設現場では、毎朝作業開始前に統括安全衛生責任者が全施工者を集めて全体朝礼（**図5-1-10**）を行います。これは短い時間の中で情報伝達や安全指示事項などを一方的に伝達するもので、このコミュニケーションの形態を「一方向のコミュニケーション」といいます。

　一方、全体朝礼が終わった後、作業チームごとに作業指揮者が行うツールボックスミーティングあるいは作業指示ミーティング（**図5-1-11**）では、作業指揮者と従業員との間で指示内容について双方が質問や話し合いによって指示された仕事内容についての理解度を高めています。

　このコミュニケーションの形態が「双方向のコミュニケーション」の基本形だといえます。

図5-1-10
全体朝礼（一方向のコミュニケーション）

図5-1-11
作業指示ミーティング（双方向のコミュニケーション）

　図5-1-12は、階層間のコミュニケーションを整理した図です。それぞれの階層間、従業員間でいろいろな双方向のコミュニケーションが実施されており、そのコミュニケーションの良し悪しが仕事の成否にも密接に関係しています。

　ピラミッド構造を持った階層組織におけるコミュニケーションは、上司から部下への指示命令という形の上位下達は容易に成立しますが、その逆ルートはいろいろと遠慮があって容易ではありません。

　例えば、ライン管理者と監督者、監督者と従業員、元請会社と下請協力会社、職場の先輩と後輩などの関係においては、上下関係や権威差による遠慮が生じ、上位者（権威者）に対してはものを言いにくいものです。

　ましてや、上位にいる者が部下や下請協力会社を威圧するような態度をとっていると、部下たちは無言のプレッシャーを覚えて何も言えなくなってしまいます。これでは、双方向のコミュニケーションは成立しません。もしも、監督者や先輩が無意識にエラーをしていても下位にいる者は「声かけ」することもできないでしょう。従って、上位者には、適度な立場の差を維持しつつ、過剰に権力を笠に着た振舞いを自制する努力が求められます。

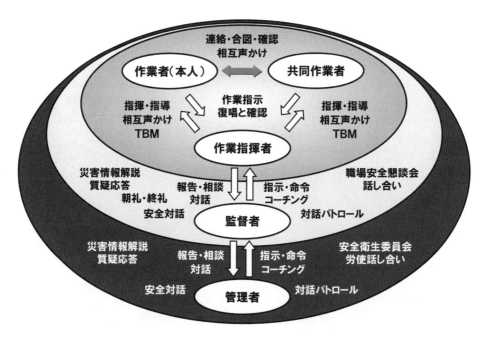

図5-1-12　階層間の双方向のコミュニケーション

このように双方向のコミュニケーションは、上位者が話しやすい雰囲気づくりを行うとともに、話しかけられたときの応答態度も重要です。

　例えば、部下が自分のヒヤリ・ハット報告をしてきたとき、「今、忙しいんだ！　それくらいのことは報告しないでよい」などと言ってしまうと、その部下は「せっかく報告したのに聞いてくれないんじゃ、次からは報告はやめておこう」となって、二度と報告してくれなくなるでしょう（図5-1-13）。そのような時に「よく報告してくれたね、ありがとう」と礼をいって、その上で「君の貴重な体験が他のメンバーにも役立つよう、明朝のミーティングで話してくれないかな、みんなで話し合いをしてみよう」と前向きに考えるようにすると、「自分の報告を大事にしてくれている」という実感が湧き、ヒヤリ・ハット報告も活性化するものです。

　双方向のコミュニケーションは、種々の情報を共有化するばかりでなく、相互理解や共感を引き出す重要な取り組みです。

図5-1-13　ヒヤリ・ハット報告（悪い例）

　安全衛生委員会での議論や職場安全衛生懇談会、始業・終業ミーティング、対話パトロール、安全対話、相互声かけ（相互注意）などのすべてが、双方向のコミュニケーションによって機能するものです。それぞれの実施においては、上位者は先ず聞き役となって下位者の話に耳を傾け、話しやすい雰囲気をつくれば、話し方も徐々に上達して、より積極的なコミュニケーションが取れるようになります。

効果的なコミュニケーションの「あるべき姿」

1）全従業員が安全衛生活動に関与し、達成目標、実行計画、実績および課題を知っており、活動への参画は、重要な仕事の一部であると認識している。

2）会社と従業員の間のコミュニケーション手段が常時オープンにされていて、従業員は、ヒヤリ・ハット情報や職場の安全問題を提案することは自分たちの作業の安全性向上のために必須であると認識している。
　また、従業員は、自分の提案が会社に受け入れられているという実感を持っている。

3）安全衛生委員会はじめ業務に関連する会議や打合せの情報は、職場の従業員にタイムリーにフィードバックされ、説明を受けるとともに、従業員全員が、職場の月例安全衛生会議へ出席している。

4）ライン管理者は、職場の安全衛生会議を有効な安全衛生施策と考え、効果的に開催するための準備と実践を積極的に進めている。

5）安全衛生に関する意見交換は、すべての部門および階層間で頻繁に行われている。

6）災害や事故に関わる速報、最終報告書、安全衛生ルール等の改訂事項は、タイムリーに情報提供され、従業員全員に周知されている。

7）安全衛生基準および作業手順は、全従業員に周知されている。

作業指示の5原則

分かりやすく！　急所を！　なぜか？
はっきりと！　確かめる
作業指揮者

④　災害・事故の報告・調査と再発防止

　企業において、業務の遂行過程で災害や事故あるいは重大なヒヤリ・ハット（潜在事故）が発生すると事故調査を行い、発生状況を報告し、原因を究明して再発防止対策を実施しています。この際、事故調査のメンバーや進め方、災害に至った根本原因究明の進め方、具体的な対策方案、改善実施計画と実施結果のフォローの方法を明確にしておく必要があります。

　表5-1-2は主要な災害分析手法であり、一般的には「なぜなぜ分析法（5 Whys)」やFTA（欠陥関連樹法：Fault Tree Analysis）が用いられています。

　FTAは、その発生要因を直接原因のレベルから順次背景要因へと論理展開していくもので、根本原因の究明に適した手法といえます（**図5-1-14**）。

表5-1-2　主要な災害分析手法(筆者整理)

分析手法	分析手法の概要	備考
① 4M5E法	事故・災害に至るまでの経過の詳細を時系列的に洗い出し、それらを4Mに分類して分析を進める。定性的分析に特に有効。	・最も一般的な手法 ・先入観が排除できる ・NASAが開発
② 特性要因図	4M法と合わせ用いる。災害に至る経過が把握しやすい（魚骨図とも呼ばれる）。	・日本の品質管理の父 石川馨氏が考案
③ なぜなぜ分析	4M法分析の結果の背後要因をさらに分析し根本原因を洗い出す。	・なぜなぜ5回で真の原因を洗い出す（トヨタ流）
④ m-SHELL法	ソフトウエア、ハードウエア、環境、人間（本人と関係者）の各境界面に存在する要因と、これに管理を付け加え分析する手法。	・ヒューマンエラー分析 ・オランダKLM航空発案にmを加えたもの
⑤ FTA（欠陥関連樹法）	分析条件にシステム構成要素・環境条件・ヒューマンファクターを加えることにより要因の見落としがなくなる。	・再発防止対策の決定に有効

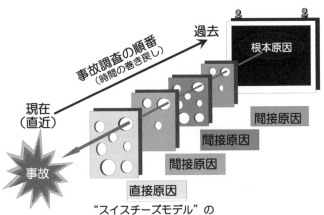

"スイスチーズモデル"の
チーズの穴を逆にたどることで根本原因に到達する

図5-1-14　FTAによる事故調査の順番

災害・事故の報告・調査と再発防止の「あるべき姿」

1） 災害・事故が適切に報告、調査され、再発防止対策が実行されることにより、類似の災害・事故が継続的に減少している。

2） 災害や事故の事実情報および原因究明から得られた改善情報は、類似災害防止活動、リスクアセスメント、危険予知、教育訓練、安全パトロールの実施方法の向上のために活用されている。

3） 重大な災害や事故につながる可能性のあるヒヤリ・ハット（重大ヒヤリ）は、傷害や物損がなくても必ず調査され、原因究明によって明らかになった不具合情報は再発防止のため周知され、活用されている。

4） 災害や事故の事実情報および原因究明から得られた改善情報は、会社の全事業所および協力会社とタイムリーに共有している。

5） 災害・事故は、原因・再発防止対策・実施スケジュール・担当者を含む正式報告書が作成され、それに基づく再発防止策状況をフォローする仕組みが整備され機能している。

6） 災害・事故調査から得られた事実情報に基づき、直接原因、間接原因、根本原因が適切に究明され、リスク低減効果の高い再発防止策が講じられている。

7） ライン管理者は、災害・事故発生後速やかに、管理者、監督者、現場従業員、技術スタッフ、安全衛生スタッフ等を委員とする災害・事故調査委員会を設置して、事実情報調査と原因究明の中心的役割を果たしている。

根本原因

⑤　行動監査（安全パトロール）と組織監査（安全診断）

安全パトロールは、多くの事業場において作業現場の不安全状態や不安全行動を是正するために実施されています。

しかし、安全パトロールによる指摘事項は、不安全状態が主体であり、大半の災害原因となっている不安全行動の指摘は少なく、またその指摘の仕方は取締り型で威圧的になっているため、現場の従業員は安全パトロールの一行が現場に来ると作業をやめてしまう場合もあります。

また、作業現場から離れた物陰から望遠レンズで不安全行動の実態を写真撮影し、後の安全衛生委員会などで何の前ぶれもなく見せてその行為を糾弾するなど、反感を買うような手法が見受けられました。

「従業員は厳しく取り締まらないとルールを守らず、指示したことを守らない」という性悪説に基づいた取締り型の安全パトロールでは、従業員の反感を強めるだけで決して良い影響を与えることはできません。反対に、安全パトロールによって、従業員に良い影響を与え、能動的に作業の態度を良くしていくような取り組みに変えて行くべきです。「人に良い影響を与え、人をあるべき姿に変えていく」という考え方は、第3項②「教育・トレーニング」の項でも態度教育という視点で言及しています。

安全パトロールのコンセプトを「あくまでも従業員に寄り添い、彼らに良い影響を与えて、従業員自らが望ましい方向へ変化していくことを支援する」こととすると、一筋の光が見えてきます。

50年も前の古い話ですが、筆者が社会人になった頃に、私を訪ねて上京した父親より贈られた教養書『人を動かす』（原題 "HOW TO WIN FRIENDS AND INFLUENCE PEOPLE" デール・カーネギー著　山口博訳　創元社発行）があり、今も大切にしています。

この本の中に、安全パトロールにおいて "彼らに良い影響を与え、望ましい方向へ変化させる" ための答えが示唆されていますので、その一部を次ページに掲載します。

第3部　人を説得する法12

第4部　人を矯正する法9

　JFEプラントエンジが実施している対話パトロールは、いきなり不具合を指摘するのではなく、挨拶と自己紹介から入り、相手の都合のよいタイミングを待って話しかけ、まず良い行動を褒めます。続いて、パトロール者が気付いた懸念事項を従業員に伝え、従業員自身の不安全行動に気付かせたあと、従業員から対策を話してもらい、その後の実行を約束してもらうという手順になっています。これは、まさにデール・カーネギー著『人を動かす』の第3部「人を説得する法」に合致しています。

人に良い影響を与える「対話パトロール」は、連続性のある安全監査の一形式であり、さらに、企業として、安全衛生管理システムがきちんと機能しているかどうかを診断する必要がありますが、これは数年に一度行う、公式な「安全監査」として整備が必要です。

　公式な安全監査は、安全文化の要素を監査対象とする「全社安全監査」と、災害防止のマネジメントシステムの14の管理機能を監査対象にする「事業場内部安全監査」および「協力会社安全監査」があります（第9章参照）。

　前述の安全監査を定期的に実践し続けることによって、安全衛生管理システムが常に最善の状態で維持され、高いレベルの安全成績が確保できるようになります。

行動監査（安全パトロール）と組織監査（安全診断）の「あるべき姿」

1）安全衛生管理システムの運用状況や従業員の作業行動に関する安全監査は、事故や災害を予防し、高い安全レベルを持続するために有効な取り組みであることについて、全組織の合意形成ができている。

2）事業所単位の安全監査は、安全衛生管理システムの運用状況について、トレーニングを受けた監査員で構成される監査チームが実施している。

3）監査員は、各事業所から選出されたライン管理者、安全担当者、従業員で構成され、他事業所の安全監査に参加している。

4）事業所単位の安全監査結果は、説明会を通じて事業所にフィードバックされ、合意納得した指導事項に関する安全衛生管理システムや安全衛生活動計画の改善に活用されている。

5）安全監査の進め方は、文書化されており、安全監査の実践情報を反映して改善が加えられている。

6）安全監査では、文書の閲覧のみならず、事業所の全階層の従業員との面談および現場の作業行動観察によって優良事例と解決すべき課題の抽出が行われている。

7）現場の作業行動観察では、現場で働く従業員とパトロール者との対話を通じて、不安全行動に気付かせるとともに、その後の安全行動を動機付ける取り組みが行われている。

● 第5項 ●　「協力会社管理」の分野

① 発注者と受注者の役割と責任（総合体制、統括体制）

　例えば製造業である鉄鋼業の製鉄所においては、元方事業者（鉄鋼会社）との契約関係のもとで、多くの協力会社が製鉄所構内に事務所を持って常駐し、製造業務や補修業務に従事しています。

　図5-1-15は、鉄鋼生産設備における非定常作業に関与する製鉄所従業員と関係請負人との混在関係を示したものですが、製鉄所の生産システムの中に協力会社の存在が組み入れられていて、協力会社抜きでは機能しないほどに、外注化が進んでいます。

　協力会社の安全衛生管理の基本は、安衛法等法令に基づく事業者責任の発揮が最低要件であり、工事や作業の請負契約関係においては、その最低要件の履行が強く求められています。したがって、請負契約関係においては最低要件を履行できない会社は、次年度からは仕事が受注できなくなるという事態にもなりかねません。

　しかし、日本の請負関係、とりわけ製鉄所のような構内常駐作業においては、これは建前であって実態はそう簡単なものではありません。すなわち、下請け事業者との関係をドライに断ち切ってしまうと、それに代わる会社を確保、すなわち、専門技能を持った労働力を安定的に確保することが簡単なことではないという事情があります。

　そこで、日本特有の考え方かもしれませんが、協力会社管理においては、請負契約書に基づいて要求するだけではなく、元方事業者として、積極的に支援して協力会社個々の安全衛生レベルや作業能力の向上に取り組み、注文者と受注者双方がWin-Winの関係を作り上げる努力をしています。このWin-Winの関係構築により、双方に信頼関係が築かれ、生産設備の大きな事故の復旧対応時など危急の事態にも柔軟で迅速な対応が可能になっています。

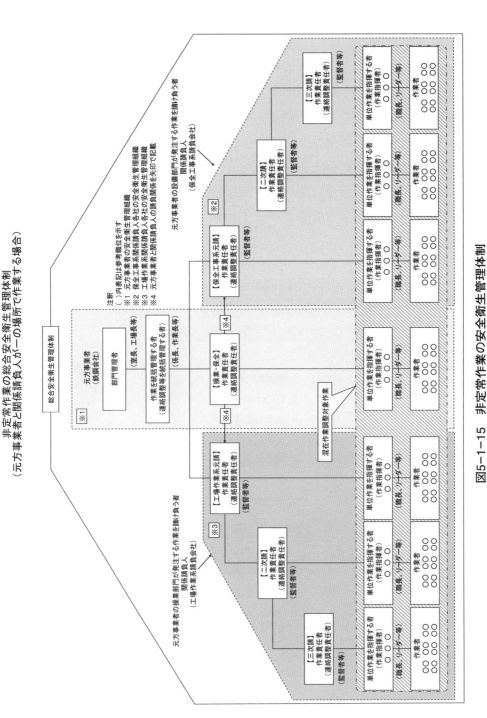

非常作業の総合安全衛生管理体制
（元方事業者と関係請負人が一の場所で作業する場合）

図5-1-15　非定常作業の安全衛生管理体制

出典：『鉄鋼生産設備における非定常作業の安全』　P.55　平成26年3月　中央労働災害防止協会発行

85

　以下にJFEプラントエンジが行ってきた代表的な支援活動（**図5-1-16**）を紹介します。

　工事系協力会社に対する支援内容は、安全文化創生活動の全社推進体制であるステアリング委員会においてその下部組織である協力会社委員会が支援事項を審議し、ステアリング委員会で決定して事業所単位で実行します。

　協力会社管理においては、安全に関する共通の価値観を協力会社と共有し、共通の目標を持って取り組み、安全確保の前提として、注文者であるJFEプラントエンジの取り組みは、"安全な仕事の条件"を毎回協力会社に提供し、協力会社は、安全な作業行動を毎回実践してそれに応えます。

　すなわち、健全な元請責任を発揮して作業者を守り、協力会社の取り組みは、健全な請負責任を発揮して作業者を守ります。

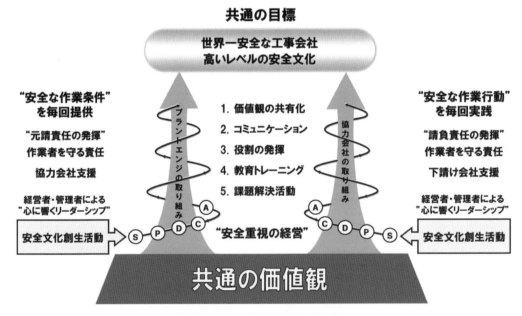

図5-1-16　支援活動の全体像

元請会社と協力会社の関係において、次の5項目は注文者（元方事業者）と協力会社の良好なWin-Winの関係を構築する上で特に重要と考えています。
　　1．価値観の共有化
　　2．双方向のコミュニケーション
　　3．役割の発揮（安全衛生管理体制の違いに合わせて実行）
　　4．教育トレーニング
　　5．双方協力による課題解決活動
　「3．役割の発揮」においては、総合安全衛生管理体制（製造業）と統括安全衛生管理体制（建設業と造船業）では元方事業者の役割を担う事業者が異なりますので注意を要します。
　図5-1-17は、これら2つの安全衛生管理体制における元方事業者の位置づけを図解したものであり、両方の仕事を取り扱う場合は、役割をよく理解した上で使い分けする必要があります。特に製造業の構内常駐請負の場合は、その製造業の事業者（例えば、JFEスチール）が元方事業者になり、一次請負会社（例えば、JFEプラントエンジ）は、構内元請事業者になります。

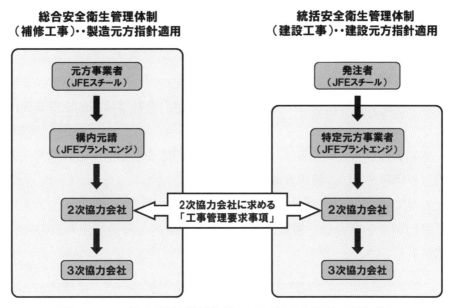

図5-1-17　総合体制と統括体制における元方事業者の位置づけ

　「4．教育トレーニング」は、協力会社に対する支援施策として最も重要な取り組みです。なぜならば、協力会社の事業規模は、元方事業者と比較すると教育施設や講師、教材等の教育資源に限りがあり、自社だけで元方事業者の要請に応えるだけの実

力がないのが実態です。したがって、元方事業者あるいは構内元請事業者がこれらの教育資源を提供して、より高い要請に応えられるよう支援する必要があります。そして、これらの支援がそれぞれの協力会社の安全レベルを高め、事業成績の向上にも好循環を生み出すという社会貢献にもつながっていきます。

発注者と受注者の役割と責任（総合体制、統括体制）の「あるべき姿」

1）構内常駐協力会社は、元方事業者や元請事業者の安全衛生に対する価値観や安全衛生活動計画、作業ルールを共有し、より安全で衛生的な作業が行われている。

2）構内常駐協力会社は、元方事業者や元請事業者との双方向のコミュニケーションを重視し、積極的な意見交換を通じて信頼関係を確立している。

3）製造業の構内作業請負や建設業の工事請負契約関係において、協力会社は、安衛法等法令に基づいて事業者責任を発揮することが基本的要件であることを理解し実践している。

4）製造業は「総合安全衛生管理体制」、建設業は「統括安全衛生管理体制」の下で、それぞれの関係会社が役割を発揮して、混在作業における作業間の連絡調整が確実に行われている。

5）元方事業者や元請事業者は、協力会社の安全レベル向上のために、安全衛生教育や技能トレーニングの機会を提供し、協力会社は積極的に従業員に受講させている。

6）元方事業者や元請事業者は、協力会社と共同で安全衛生上の課題解決のための取り組みを行い、災害が減少してきている。

7）元方事業者や元請事業者は、協力会社で災害が発生した時は、協力会社が行う原因調査を指導し、根本原因の究明と効果的な再発防止対策の検討をサポートしている。

第 **6** 章

安全文化創生活動
（安全文化要素を強化する取り組み）

第1節　安全文化を創り育てる基本体系

　図6-1-1は、安全文化を創り育てる基本体系を表現したものであり、次の【1】～【4】のパートで構成されます。

【1】　安全文化を創り育てる仕組み（図6-1-1中央部）

　このパートは、安全文化を組織に植付け、スパイラルアップさせていくための中心的な仕組みであり、以下の2つの活動機能で構成されます。

　①　安全文化創生活動・・本章で解説

　この活動機能は、既存の組織に安全文化の種をまき、芽吹かせるために導入した有期の全社プロジェクト活動です。この安全文化創生活動では、第5章で紹介した安全文化の13要素を切り口として事業場の安全診断を行い、安全文化要素の弱点や不足点を特定し、その改善施策（成果物）を創り出すことを主要なタスクにしています。そして、創出された改善施策は、災害防止のマネジメントシステムに反映され、その改善施策の内容に応じて災害防止のマネジメントシステムの実践機能としての「日常の安全管理」と「日常の安全活動」の中で一体運用し、安全文化のレベルを持続的に発展させていきます。

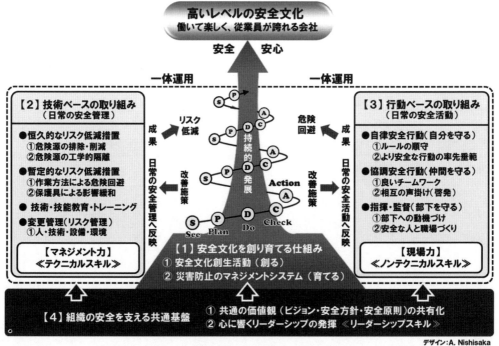

図6-1-1 安全文化を創り育てる基本体系

② 災害防止のマネジメントシステム・・第９章で解説

　　災害防止のマネジメントシステムは、安全文化創生活動によって創出された安全文化要素の強化施策をマネジメントシステムの１４の管理機能の中に組み込み、その継続的な実践を通じて組織の安全文化を育て、そのレベルを高めていくための仕組みです。

【２】技術ベースの取り組み（**図6-1-1の左部**）・・第７章で解説

　　技術ベースの取り組みは、管理者のリーダーシップの下で進めるマネジメント力（テクニカルスキル）に基づく「日常の安全管理」です。この取り組みでは、危険源の排除や危険作業の廃止などにより恒久的にリスクを低減するとともに、作業方法の改善や保護具の選定、教育・訓練などによって危険源と人の接触を回避する措置（暫定的なリスク低減措置）を決定し実作業に反映するものです。そして、その実行過程で発生するリスク低減措置の劣化を防ぎ、作業の安全性を維持していきます。

【３】行動ベースの取り組み（**図6-1-1の右部**）・・第８章で解説

　　前述の技術ベースの取り組みは、技術的あるいは経済的に限界があるため、リスクが残留してしまいます。この残留リスクに対して安全に対処するための施策が、作業方法や保護具などによる暫定的なリスク低減措置です。しかし、このリスク低減措置は、その実施を人に依存する措置であるため、作業者が正しく実施してくれなければ、残留リスクによる危害の回避効果や危害の緩和効果は消滅し、事故や災害に至る場合があります。

　　すなわち、ルールからの逸脱や不安全な行動は、事故や災害に至る頻度や可能性を高めるため、その信頼性を高めなければなりません。そこで、その打開策となるものが現場力（ノンテクニカルスキル）に基づく「行動ベースの取り組み」です。

　　この行動ベースの取り組みは、監督者のリーダーシップのもとで、職場全員で「決められたことを、決められた通り、毎回全員が実践する」という高い職務規律と、「人が見ていない時でも安全に行動する」という自律行動を定着するとともに、「危ないことがあれば、同僚と気軽に声を掛け合い、気持ちよくこれを受け入れる」という協調行動の定着を目指すものです。

【４】組織の安全を支える共通基盤（**図6-1-1の底辺部**）

　　① 共通の価値観の共有化・・・・・・・本章第３節で解説

　　② 心に響くリーダーシップの発揮・・・本章第４節で解説

　　安全文化を創り育てる【１】～【３】の取り組みを成功に導くためには、価値判断の拠り所とする①共通の価値観を共有化して組織全体に浸透すとともに、②共通の価値観に基づいた「心に響くリーダーシップ」の発揮が組織の安全を支える共通基盤となります。

第2節 安全文化創生活動のアプローチ

● 第1項 ● 変革のアプローチ

　安全文化を創る取り組みは、安全を切り口とした経営改革であり、価値観や組織行動を変えていく活動です。すなわち、考え方を変え、経営を変え、管理を変え、行動を変える取り組みです。そして、その手段となる活動が「安全文化創生活動」であり、JFEプラントエンジでは、この取り組みを３年単位の活動サイクルで取り組んできました。

　安全文化創生活動は、第５章で解説した１３の安全文化要素を「あるべき姿」に近づけるよう、管理システムと、その個別管理機能（サブシステム）を根本から改善するものであり、初期導入後の第１期活動（３年間）では、デュポン社のコンサルティングを受けて徹底したシステム改善を行い、多くの改善成果物を創出してきました。

　そして、このシステム改善の一環で既存の管理システムを根本から改善したJFE プラントエンジ独自の「②災害防止のマネジメントシステム」を再構築し、活動成果物を反映するとともに、「①安全文化創生活動」の活動機能を災害防止のマネジメントシステムへ移転することによって活動を定常化し、安全文化のレベルを持続的に発展させていくようになっています（図6-2-1）。

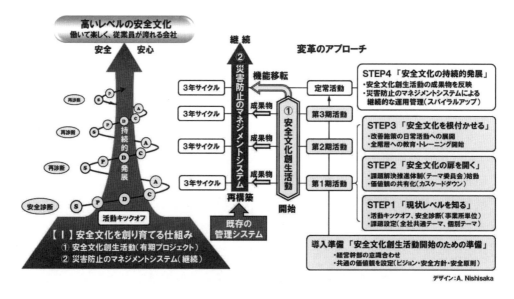

図6-2-1　安全文化創生活動のアプローチ

● 第2項 ● 取り組みの段階

(1) 導入準備

① 経営幹部の意識合わせ

　長い会社生活の中で経験した成功体験や失敗体験から学び身体に染み込んだ考え方や行動様式は、いざそれを変えようとすると非常に大きな抵抗が生じます。それは、変化には非常に大きなエネルギーが必要だからです。したがって、安全文化創生活動のように新しい活動の導入に際しては、活動の思想や施策に対する経営者層の意識合わせが活動成功の大きな条件になります。

　JFEプラントエンジでは、2004年の活動準備段階で経営幹部が実施した2カ月におよぶ「ビジョン・安全方針・安全原則」策定への真摯な取り組みによって、経営幹部の意識合わせが大きく進むという副次効果をもたらしました。

② 共通の価値観を設定する

　全従業員が参画する活動計画や日常活動における価値判断の拠り所となる「ビジョン・安全方針・安全原則」を全経営幹部の総意として設定し、これを会社共通の価値観に位置づけます（具体的な内容の事例は、本章第3節で解説します）。

(2) STEP 1 「現状レベルを知る」

① 安全診断と課題設定

　現状把握のための安全診断では、安全文化要素について組織の「強み」と「弱み」を明らかにして組織の現状（ベンチマーク）を見極めます。そして、明らかになった組織の現状と各要素項目のあるべき姿とのギャップを特定して、そのギャップを埋める改善課題として「全社共通課題」と「事業所ごとの課題」を具体化していきます。

(3) STEP 2 「安全文化の扉を開く」

① 安全文化創生活動を開始する

　安全文化創生活動は、全社横断的な活動ですので「全社共通課題」を解決する仕組みとして、社長を委員長とする全社ステアリング委員会（課題解決へのタイムリーな意思決定と取り組み状況の進捗管理を行う）を設定し、また、事業場固有の課題は、事業所長を委員長とする事業所ステアリング委員会を設定して本社から事業所の全員参加で課題解決への取り組みを実施していきます（具体的な活動推進体制や取り組み内容の事例は、本章第5節で解説します）。

② 共通の価値観を共有化する

　共通の価値観の共有化は、カスケード方式によって毎年1回全従業員に教育指導して浸透を図り、日々の価値判断の拠り所にする取り組みです（具体的な内容の事例は、本章第3節で解説します）。

(4) STEP 3 「安全文化を根付かせる」

① 活動の組織展開と教育トレーニング

　安全文化創生活動では、安全文化要素の強化を目的として多数の成果物を作りだし、それらの多くは、安全管理システムの実施事項すなわち作業の安全性を確保し安全文化を高める施策として日々の安全管理を通じて組織に展開していきます。特に、安全文化を高め、一人ひとりが安全に行動する人と職場をつくるためには、組織の全従業員や協力会社に対する教育トレーニングが必須の要素であり、役割階層別の教育トレーニングを実施していく必要があります（具体的な内容の事例は、第7章以降で順次解説します）。

(5) STEP 4 「安全文化の持続的発展」

① 活動成果の持続

　安全文化創生活動によって創りだされた数多くの活動成果物を消滅させることなく、現在から将来につなげて安全文化を持続的に発展していく取り組みが必要です。この持続性発展の機能を担う仕組みがJFEプラントエンジ独自の「災害防止のマネジメントシステム」です（具体的な内容の事例は、第9章で解説します）。

② 継続的なモニタリングと改善

　目的を同じくする活動を継続すると、途中でモチベーションが下がり、あるいは、実施すべきことがきちんと実行されず、知らず知らずのうちに、せっかく高めてきた安全文化が劣化する危惧があります。このような兆候を早めにキャッチし、改善するためのモニタリングを行わなければなりません（持続的発展のための具体的施策は、第9章で事例を交えて解説します）。

第3節 「ビジョン・安全方針・安全原則」の設定

● 第1項 ● 共通の価値観とは

「ビジョン・安全方針・安全原則」は、会社の安全に関する基本的な考えを宣言するもので、安全文化を支える大黒柱となるものです。

そして、これらは、会社の共通の価値観として**図6-3-1**に示すとおり、「法令」「管理規程」「基準」「個別ルール」などの上位に位置づけられ、その考え方からの逸脱が許されないものになっています。

したがって、全従業員は、「ビジョン・安全方針・安全原則」をよく理解し、活動計画や日常活動における価値判断の拠り所として身体に染み込ませて、常にこれを意識して行動しなければなりません。

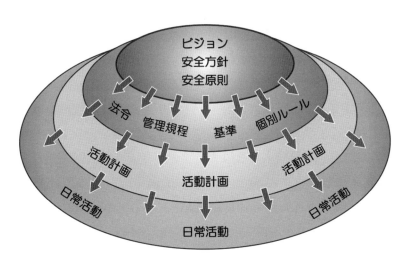

図6-3-1　「ビジョン・安全方針・安全原則」の位置づけ

【言葉の意味】

■　ビジョン

　　会社として「最終的になりたい理想像」あるいは、「こうあるべきだという考え方」を意味します。

■　安全方針

　　「ビジョン」を実現するために目指すべき方向を意味します。

　　我々は、従来から安全方針というものを年間方針として出し、社長の年頭挨拶などの場面でこういう言葉を使って実際活動してきました。しかし、ここでいう安全方針は、少し意味合いが違っており、年々変わる安全活動の方針ではなくて、安全活動をやっていく上での基本的な考えを意味するものであり、これを毎年のように変わらない半恒久的な会社の安全に対する考え方として整理したものです。

■　安全原則

　　安全原則とは、多くの事例に共通的に適用される安全上の基本的な決まりです。

　　これは管理規程や基準やルールの上位にあるものであって、これまではあまり馴染みのないもので、安全文化創生活動によって新しく導入した考え方です。会社の仕事でルールのない仕事はたくさんあります。

　　適用されるルールがない場合、実際どのように行動しているのかというと、それぞれの従業員が自分の物差し（自分の経験ででき上がった判断基準）で判断するか、あるいは上司に相談して指示を仰いでいるわけです。その場合、判断レベルに差が出やすいので、従業員一人ひとりが、会社共通の安全原則を拠り所にして判断し、より安全に仕事をしていこうとするものです。

　　次ページに「ビジョン・安全方針・安全原則」の事例を紹介します（図6-3-2）。

ビジョン・安全方針・安全原則

ビジョン

私たちJFEプラントエンジの社員は、社会正義のもとに、人間尊重、安全衛生・環境の確保、企業倫理の遵守を基本的な価値とします。
そして、『挑戦、柔軟、誠実』を行動規範として企業活動を行ない、私たちが誇れる会社を目指します。

1. 私たちは、個人を尊重します。
一人ひとりの価値を認め合い、豊かな人生の実現を目指します。

2. 私たちは、人間として成長してゆきます。
働き甲斐のある仕事に従事し、プロとして能力の研鑽につとめ、人間として成長してゆきます。

3. 私たちは、良い人間関係を大切にします。
強固なチームワークを築き、風通しの良い、明るく快適な職場を作ります。

4. 私たちは、災害のない職場を作ります。
『すべての災害は防止できる』と考え、その実現に全員が取り組みます。

5. 私たちは、最高の技術力を駆使して顧客満足につとめます。
その成果は、株主や私たち自身に顕著な利益をもたらします。

6. 私たちは、企業倫理に基づいて行動します。

安全方針

安全衛生は、優良企業の根幹です。
最高水準の安全文化を目指し、たゆまぬ努力を続けます。

1. すべての作業は、安全衛生的な方法を確保して実施します。
2. 安全衛生確保のために必要な経営資源を投入します。
3. 作業方法・生産工程・商品の安全衛生・環境について継続的な改善を図ります。
4. すべての安全衛生活動は、グループ会社および協力会社と共に取り組みます。
5. グループ会社および協力会社の安全衛生確保の責任を持ちます。

安全原則

1. すべての災害は、防ぐことができる。
2. 一人ひとりが、安全衛生活動の成功に重要な鍵を握っている。
3. 経営者から管理・監督者まで全員に、災害防止の実行責任がある。
4. 私たちには、高い規律に基づき行動し、ルールを守る責任がある。
5. 安全衛生に関するコミュニケーションは、なにごとにも対等にできる。
6. 整理・整頓・清掃・清潔は、安全衛生の第一歩である。
7. 教育・訓練は、安全衛生確保の基本的な要素である。
8. 安全衛生監査は、実施しなければならない。
9. 安全衛生上の欠陥は、全社くまなく、直ちに改善されなければならない。
10. 発生した災害だけでなく、災害につながると思われる不安全行動や出来事も調査しなければならない。

図6-3-2 JFEプラントエンジの「ビジョン・安全方針・安全原則」

● 第2項 ●　従業員への浸透手法（学び・教え・また学ぶ）

　共通の価値観は、下図に示すカスケード方式によって毎年1回全従業員に教育指導して浸透を図ります（**図6-3-3**）。カスケード方式とは、役割階層が自ら「ビジョン・安全方針・安全原則」を学習し、よく理解した上で部下に伝えていく浸透手法です。まずは、経営者が共通の価値観をよく理解して、自らの言葉で次の役割階層に伝えていきます。続いて、経営者から伝えられた階層のライン管理者が共通の価値観を正しく理解納得して、また自らの言葉で次の役割階層へ価値観を伝えて行きます。

　このような順送りの価値観の浸透を繰り返し行って、全従業員に共通の価値観を染み込ませて行く手法は、学び‐教え‐また学ぶ（Learn-Teach-Learn）プロセスとも呼ばれています。

　カスケード方式では、まず伝える者が、共通の価値観をきちんと理解した上で伝えなければ正しく伝わらず、従業員の理解度が低くなってしまいます。

　また、伝えていく段階で、価値観を共有しない者や新たな価値観を受け入れることへの抵抗者がいる場合には、「正しく伝えられない者」や「まったく伝えられない者」が出ることになってしまいます。したがって、カスケードの上位にいて影響力の大きい経営者やライン管理者は、安全文化を創生する上で非常に重大な役割と責任を担っていると言っても過言ではありません。

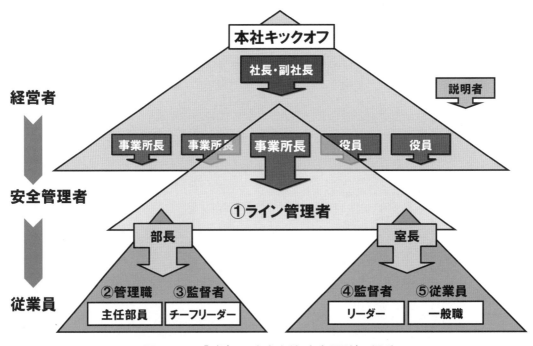

図6-3-3　「ビジョン・安全方針・安全原則」の浸透

● 第3項 ● 現場活動への適用事例

　安全文化創生活動開始以来、カスケード方式による伝達手法をとってきましたが、価値観（ビジョン・安全方針・安全原則）に基づき日常活動を導くことが難しいとの意見が多くありました。その理由は、価値観（上位概念）から具体的な行動をイメージすることが難しいというものでした。

　そこで、普段実施している具体的な日常活動（基準、規程、安全ルール、職場の優良慣行等に基づく作業）と価値観を関係付けることにより、価値観を身近なものとして受け入られるようにして、日常活動への価値観の浸透を図る進め方を開発しました。

事例1）日常行動に浸透した価値観

● 外部工事等で安全ルールのラフな会社での工事でも、自社の安全ルールを適用して安全レベルを落さないようにしている。

 　この判断は、安全方針に基づくものです。

安全方針第1項　すべての作業は、安全で衛生的な方法を確保して実施します。

安全原則第4項　私たちには、高い規律に基づき行動し、ルールを守る責任がある。

事例2）日常行動に浸透した価値観

● 階段では、どこでも手すりをつかんで上り下りしている。
● シュレッダーの切りくず掃除の時は、必ず電源を切っている。
● 床に這わせたコンセントケーブルは、ガムテープで床に固定している。
● 横断歩道は、青信号の時に左右を確認して渡っている。

 　これらの安全な行動は安全原則に基づくものです。

安全原則第1項　すべての災害は、防ぐことができる。

安全原則第2項　一人ひとりが、安全衛生活動の成功の重要な鍵を握っている。

第4節　心に響くリーダーシップ

● 第1項 ● 経営者・管理者による「心に響くリーダーシップ」の発揮

　安全文化を組織に定着させるには、経営者から一般従業員までの各階層で多くの時間と熱意が必要です。また、経営者や管理者の価値観における安全の優先度が大きく関係します。もし、経営者や管理者による安全に対する目に見えるリーダーシップが不十分で、「安全は会社のコアバリュー（基本的価値）である」と従業員に信じてもらえなければ、どのような安全施策も絵に描いた餅に過ぎなくなってしまいます。

　したがって、大きな影響力を持つ経営者や管理者によるリーダーシップは、自身が部下に示す模範が、人の心に響き、納得し、腹落ちするものでなければなりません。筆者は、このようなリーダーシップを『心に響くリーダーシップ』と呼び、会社と従業員の信頼関係を確かなものとするリーダーシップとして安全文化を高める上で必要不可欠なものと考えています（図6-4-1）。

　JFEプラントエンジの安全文化創生活動では、心に響くリーダーシップの発揮を「組織の安全を支える共通基盤」に位置付けており、経営者や管理者を含む組織の全リーダーが自らの役割として、日々のコミュニケーションの機会を通じて、心に響くリーダーシップの発揮を求めています。なお、心に響くリーダーシップは、権限を持たない一般従業員にも奨励されるものであり、第8章でその概要を紹介しています。

「私は、いつも安全最優先でやれと言っている」
「あれほど言っておいたにもかかわらず」
などという話をよく耳にするが・・・

経営者や管理者の安全に関する言動は、
「言っていること」と「やっていること」が一致しており、
従業員が納得し、受け入れられるものでなくてはいけない

「会社は、私たちの安全を本気で考えてくれている」と
従業員の心に響くリーダーシップを発揮することが
原動力になって従業員の意識と行動が変わってくる

図6-4-1　経営者・管理者による「心に響くリーダーシップ」

● 第2項 ● 効率的な安全管理と安全エンジン

　安全管理状況を長い目で見ると、一旦重大な災害が発生すれば、少なくとも一時的には、経営者や管理者の関心は生産性よりも安全性に向きます。しかし、その災害原因等の改善が進めば、安全へのエネルギーは次第に低下して災害発生へのおそれを忘れてしまい、経営者や管理者は自らの注意と経営資源（人・物・金）を生産目標達成のためにつぎ込み始めます。そうした状況が続くと、また事故や災害が発生するという悪循環となり、いわゆる安全成績が鋸歯状（きょ　し　じょう）になってきます。

　図6-4-2は、ジェームズ・リーズン博士著作の『組織事故』で紹介している「安全空間」のイメージをもとに筆者独自の解釈を加えて作成したものです。同書によれば「効率的な安全管理とは、積極的に安全空間を航行し、最大の抵抗力を持つ安全領域に到達し、さらに強力な安全エンジンの後押しによって、そこにとどまり続けることである」としています。逆に、安全エンジンが弱まり、安全エンジンが停止すると、組織は、危険領域側に押し流されて最悪の場合転覆してしまうでしょう。したがって、自らの組織を安全領域に留め続けるためには、安全エンジンとしての駆動力、すなわち経営者や管理者の参画と、何が管理できて、何が管理できていないかを正しく見極めるための的確な安全情報システムが不可欠です。

　経営者や管理者には、安全エンジンとして、経営資源を投入し続けるとともに、的確な安全情報システムの運営が求められています。

　なお、ジェームズ・リーズン博士が提唱する、組織を安全領域に留め続けるための安全情報システムとは、事故や災害の事後対策（再発防止対策）と事前対策（未然防止対策）に有効に使える、個人・職場・組織それぞれのレベルの情報を提供し続けるための仕組みを意味しています。

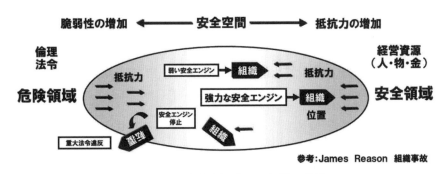

図6-4-2　安全空間内での組織の位置

第5節 安全診断結果に基づく
安全文化要素強化への取り組み

● 第1項 ● 安全文化創生活動推進体制

⑴　全社ステアリング委員会

　JFEプラントエンジが2005年に開始した「安全文化創生活動」では、図6-5-1に示すように社長を委員長とし、副社長、全役員、事業所長、安全衛生部長、本社安全スタッフを委員とする体制になっています。

　全社ステアリング委員会は、毎月開催され、具体的な検討実行組織である8つのテーマ委員会より報告される活動進捗状況を委員全員参加で確認し、より高いレベルの挑戦課題の討議や進捗上の課題解決についてタイムリーな意思決定（ステアリング）を図るようになっています。

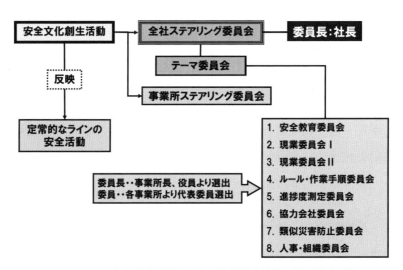

図6-5-1　安全文化創生活動の推進体制（第1期活動当時）

⑵　テーマ委員会

　テーマ委員会は、安全文化要素に関して全事業場を安全診断した結果から、全社共通的に解決すべき組織的な課題を検討し、解決策をテーマ委員会の「成果物」として創出することを役目としていますので、役目が完了すれば、新たなテーマ委員会へと進化していきます。そして、それぞれの「成果物」は、本社及び各事業場の日常活動に落とし込まれ、継続性を確保する仕組みになっています。

　また、事業場固有の課題は、事業所長を委員長とする事業所ステアリング委員会とそれに連動する事業所テーマ委員会によって解決策を創出する体勢になっています。

　表6-5-1は、安全文化創生活動を開始した当時のテーマ委員会の種類とそれぞれの課題や主な取り組みをまとめた事例です。

表6-5-1　第1期活動のテーマ委員会取り組み事例

テーマ委員会名	課　　題	主な活動
1.安全教育	① 全社の教育方針、教育体系、教育組織を検討・提案 ② 継続的、組織的な安全教育カリキュラムの基本計画策定 ③ 下部組織に個別専門チームを結成し実行	✧ 教育推進組織新設 ✧ 安全教育計画策定、実行、モニター ✧ 災害防止のマネジメントシステム構築
2.現業Ⅰ 3.現業Ⅱ	① 条件設定に関し、全所の実態調査と改善策を提案 ② コミュニケーション、業務連絡を見直し改善策を提案 ③ 安全の観点から業務推進方法、内容等について改善策提案	✧ 安全条件設定見直し ✧ 安全対話/対話パトロールマニュアル ✧ 作業指揮者の役割設定 ✧ 元請安全指導員　等
4. ルール・作業手順	① 安全ルールのあり方と体系を見直し、安全教育に反映 ② 作業手順書の作成/改定/廃止基準の改善策提案	✧ マストルール設定、規程、基準再編　安全心得　等
5.進捗度測定	① 安全状態測定指標を提案し、改善傾向を把握	✧ 各事業所毎に定期測定実施
6.協力会社	① 安全管理の観点から協力会社管理のあり方を見直し、改善	✧ あるべき姿・対策について第二期活動への反映
7.類災防止	① 災害対策の水平展開方法を確立し提案	✧ 類災防止、全社水平展開 ✧ FTAマニュアル作成
8.人事・組織	① 安全と連動した業績評価、表彰、懲戒等の人事制度を提案 ② 本社・事業所役割分担、安全衛生委員会組織見直し	✧ 安全衛生管理規程改訂 ✧ 罰則規程制定 ✧ マストルール違反懲罰

● 第2項 ● 　活動成果物の管理システムへの反映

　安全文化要素の強化を目的とした安全文化創生活動では、多数の成果物を作りだしてきました。それらの多くは、第3章第2節第2項の企業活動と管理システムで述べた安全管理システムのサブシステムとして日々の安全管理の手段として活用されるものです。したがって、これらの活動成果物は、管理の仕組みの中で継続的に運用されて初めて有益な効果を出すようになりますので、成果物を単独のままにしておくことは得策とはいえませんし、継続性において問題があります。活動成果物として特に重要な管理システムは以下に示す3点です。

①　災害防止のマネジメントシステム構築

　災害防止のマネジメントシステムは、それぞれの成果物を持続するとともに、総合的に運用することを目的としたJFEプラントエンジ独自の安全衛生管理システムです。

②　安全衛生教育トレーニングシステム構築

　安全衛生教育トレーニングシステムは、継続的な安全衛生教育とトレーニングを行うために開発した教育システムであり、社員の階層別役割に応じた教育トレーニングを「法定に基づく安全衛生教育（資格取得を含む）」と「会社独自の安全衛生教育トレーニング」に分けて行うものです。

③　安全監査システム

　各種の管理システムは、きちんと実践されて初めて効果を発揮するものです。その実践状況を定期的に診断して組織と管理システムの弱点を特定し、管理レベルの維持・向上を目的に行うものです。

　①～③の具体的な内容に関しては、第9章「安全文化を持続的に発展させる仕組み」で解説しますので、そちらを参照ください。

第 **7** 章

リスクを下げ、安全性を高める
（技術ベースの取り組み）

第7章の概要

　第6章において、労働災害を防止し安全・安心を確保して、働いて楽しく、従業員が誇れる会社になるためには、安全文化創生活動の仕組みを効果的に運用するとともに、「技術ベースの取り組み（日常の安全管理）」と「行動ベースの取り組み（日常の安全活動）」を一体運用する必要があることを述べてきました（**図7-1-1**）。

　本章では、『技術ベースの取り組み』における多くのマネジメント施策の中から作業のリスクを下げ安全性を高めるための技術的施策に焦点を当て、その具体的な考え方について事例を交えて紹介していきます。そして、技術ベースの取り組みによって作り上げられた各種の安全対策が有効に機能するためには、人間行動に焦点を当てた『行動ベースの取り組み』による強い現場力づくりが不可欠であることに言及します。

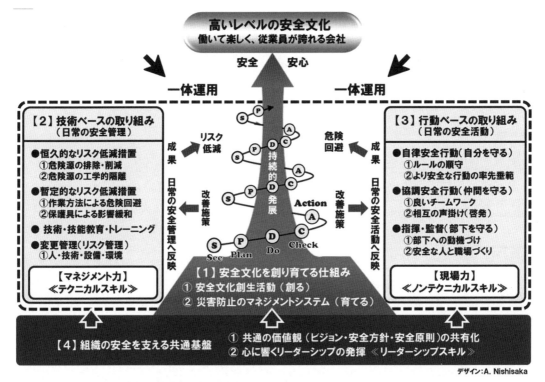

図7-1-1　「技術ベースの取り組み」と「行動ベースの取り組み」の一体運用

第1節 リスクを下げ、安全性を高める マネジメントの実践

● 第1項 ● 作業の4要素と安全マネジメントシステムの効果的な運用

　企業が事業に関わるすべての作業の安全性を高め、労働災害を防止するためには、第2章第2節で述べた「作業を構成する4種の要素（以降「作業の4要素」と呼称する）」について作業のリスクを下げ、安全性を高めていく取り組みが必要です。

　作業の4要素における安全要件（図7-1-2）
　　①　安全な作業設備と道工具の提供 ┐
　　②　安全な作業環境の提供　　　　 ├「技術ベースの取り組み」
　　③　安全な作業方法の提供　　　　 ┘
　　④　安全な作業行動を支援・・・・・・「行動ベースの取り組み」

　そして、管理者が主導して、この取り組みを安全マネジメントシステムにのせて継続的に運用していかなければなりません。

　なお、ここでいう安全マネジメントシステムとは、組織における安全衛生管理を体系的に進めるための仕組みであり、本書では、これを「災害防止のマネジメントシステム」と呼び、第9章でその内容を解説しています。

　また、日常の安全管理（技術ベースの取り組み）は、企業における最も基本的な安全衛生管理業務であり、特に①〜③は、経営資源の投入が必須な要素であるため、その代替を現場力に期待することなく、企業として第一優先で取り組んでいかなければならない分野であると筆者は考えています。

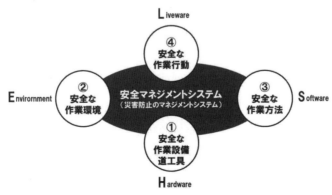

図7-1-2　作業の4要素の安全要件とマネジメントシステム

「リスクを下げ安全性を高める」ということを実現する取り組みについて、望まれる状況がどのようなものであるかは、以下のように整理できます。

(1)　安全な作業設備と道工具の提供

　　作業設備の安全化に当たっては、安衛則第2編に主に機械・設備の安全基準が定められていますが、同規則は最低限の決め事であり、本質安全化や工学的対策などにより上位の取り組みが望まれます。また、主要な作業設備で安全化を必要とする対象の設備を挙げると次のように整理できます。

①　機械設備（動力伝導部、作動部の突起物等、電動工器具等）
②　電気設備（充電部分、漏電遮断、電動工器具等）
③　爆発火災のおそれがある設備（可燃性ガス、引火性蒸気等）
④　運搬設備（積荷の落下、人との接触のおそれがある部位）
⑤　飛来崩壊、倒壊のおそれがある場所や設備
⑥　墜落災害のおそれがある場所や設備

(2)　安全な作業環境の提供

　　作業環境の良し悪しは、作業者の安全のみならず、健康問題と密接な関係があるため、労働衛生3管理（作業環境管理、作業管理、健康管理）の視点で良好な作業環境を作り、維持して作業者に提供する必要があります。以下に環境改善の視点を整理します。

①　物理的要因（温熱・湿度、照明、騒音、振動、放射線、腰痛等）
②　化学的要因（酸欠・硫化水素、CO中毒、有機溶剤、粉じん等）
③　生物的要因（細菌、ウイルス、獣毛等の取り扱い作業）
④　社会的要因（メンタルヘルス、過重労働問題等）

(3)　安全な作業方法の提供

　　作業の安全は、本質安全化や工学的な対策の実施が望ましいことですが、種々の制約条件の下では、「作業方法」や「作業手順書」の改善によって作業者から正しい行動を引き出しやすい安全な作業方法を提供していきます。

(4)　安全な作業行動を支援

　　「決められたことを、決められた通り、毎回全員が実践する」という高い職務規律と「人が見ていない時でも、安全に行動する」という高い安全意識を持った職場をつくるために、マネジメントとして積極的な支援を行うものです。

● 第2項 ●　リスクマネジメントの基本的な考え方

(1)　人はエラーをする、機械は故障する、リスクはゼロにはならない

　災害の直接的な原因は、残留するリスクに加え、人の不適切な行為や機械の不具合、作業環境の不具合、そして、作業方法の不具合などによるリスク増大によるものが大半です。従って、災害を防止するためには、「過去に学び、未来を読み、それらの情報を現在に生かす」という総合的な「災害を防止するマネジメント」が必要になります。

　この「災害を防止するマネジメント」の1つが、既に発生した事故や災害の失敗事例についてその発生原因を究明し、適切な措置を実施することによって、同様の事故や災害の再発防止を目的とする、いわゆる「後追い安全」と呼ばれる取り組みです。

　もう1つは、事故や災害が発生する前に、事故や災害を予防していく取り組みであり、「先取り安全」と呼ばれる取り組みです。この「先取り安全」の取り組みには、次の2つの取り組みによって事故や災害の予防効果がより高いものになります。

① 　設備・環境・作業に潜在する危険源を特定して、適切な措置を実施することによってリスクの排除・低減を行う「リスクアセスメント」への取り組み

② 　リスクアセスメントによるリスク低減措置の実施後も残っているリスクや現地で新たに発見されるリスクによる危害を回避するための作業チームによる「危険予知」への取り組み

　災害を防止するマネジメントは、「後追い安全」と「先取り安全」を分けて取り扱うものではなく、むしろそれぞれから得られる情報を積極的に活用して総合的に取り組んでいくべきです。

　図7-1-3の「過去・現在・未来」は「後追い安全」と「先取り安全」の情報の流れを体系化したものであり、第9章で詳しく述べる「災害防止のマネジメントシステム」における管理機能の一つである「M6事故・災害再発防止措置と予防措置」に組み込まれています。

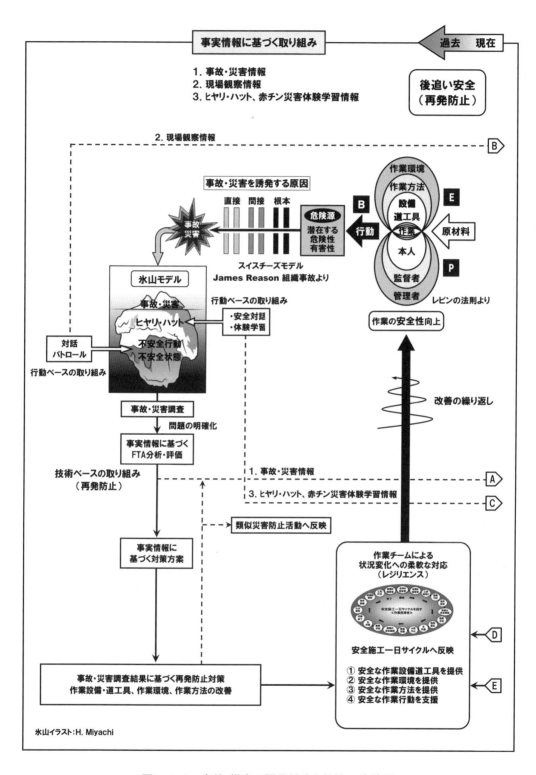

図7-1-3　事故・災害の再発防止と予防の体系図

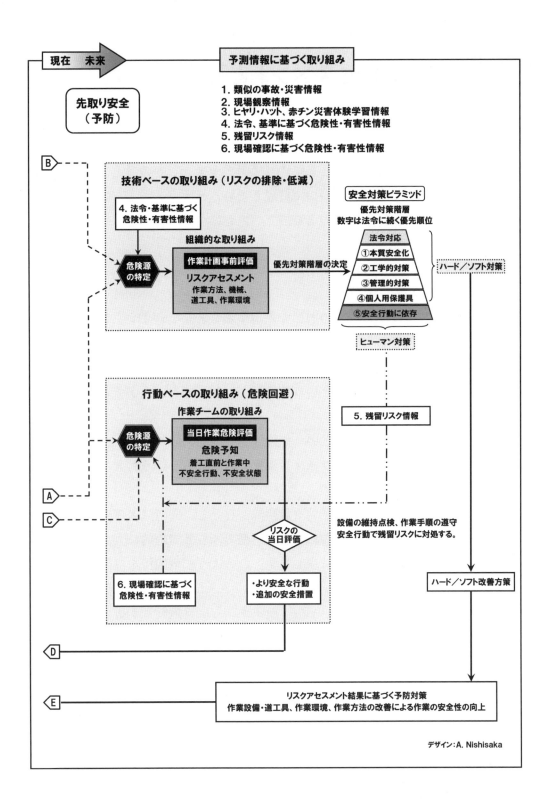

先取り安全（予防）

現在　未来

予測情報に基づく取り組み

1. 類似の事故・災害情報
2. 現場観察情報
3. ヒヤリ・ハット、赤チン災害体験学習情報
4. 法令、基準に基づく危険性・有害性情報
5. 残留リスク情報
6. 現場確認に基づく危険性・有害性情報

B

技術ベースの取り組み（リスクの排除・低減）

4. 法令・基準に基づく危険性・有害性情報

組織的な取り組み

危険源の特定

作業計画事前評価
リスクアセスメント
作業方法、機械、道工具、作業環境

優先対策階層の決定

安全対策ピラミッド
優先対策階層
数字は法令に続く優先順位

法令対応
① 本質安全化
② 工学的対策
③ 管理的対策
④ 個人用保護具
⑤ 安全行動に依存

ハード／ソフト対策

ヒューマン対策

A

C

行動ベースの取り組み（危険回避）

作業チームの取り組み

危険源の特定

当日作業危険評価
危険予知
着工直前と作業中
不安全行動、不安全状態

5. 残留リスク情報

リスクの当日評価

設備の維持点検、作業手順の遵守
安全行動で残留リスクに対処する。

6. 現場確認に基づく危険性・有害性情報

・より安全な行動
・追加の安全措置

ハード／ソフト改善方策

D

E

リスクアセスメント結果に基づく予防対策
作業設備・道工具、作業環境、作業方法の改善による作業の安全性の向上

デザイン：A. Nishisaka

111

第2節　リスクアセスメントと残留リスク

　本節では、前項で紹介した「過去・現在・未来」のうち、「先取り安全」という視点で災害予防の代表的な取り組みとしてのリスクアセスメントの考え方とリスク低減措置および残留リスクへの対応について解説していきます。

　なお、リスクアセスメント手法のより詳しい内容については、専門書等をご参照ください。

● 第1項 ●　リスクの概念

　リスクの概念は、危険源と人との関係で表現することができます。ここではライオンという猛獣を危険源として、以下に示す「4種類のケース」を使ってリスクの概念を解説していきます。

ケース1：腹をすかせたライオンという危険源が存在しても、人がその場にいない場合は、リスクは発生しません。

ケース2：腹をすかせたライオンという危険源が存在し、同時に人がその場に存在すると、危険状態が発生し、人がライオンに食い殺されるという大きなリスクが発生します。

ケース3：腹をすかせたライオンという危険源が存在し、同時に人がその場に存在している場合は、ライオンと人の間に防護柵（檻で囲む等物理的に人の側に進入できなくする）を設けるとリスクは減少します。このように危険源を隔離する対策を工学的対策といいます。

ケース4：人がその場に存在していても、ライオンという危険源が排除されて存在しない場合は、リスクは発生しません。このように危険源を排除（あるいは極小化）する対策を本質安全化といいます。

　このように、リスクは危険源と人との関係で説明されるものですので、実作業においては、この事例のライオンに相当する「危険源」とはどのようなものであるかを具体的に認識する必要があります。国際安全規格によれば、**表7-2-1**に示した「危険源の種類と危険源の例」のように危険源の種類を詳細に分類・定義していますので、各企業で実施するリスクアセスメントにおいて危険源の特定に活用すると良いでしょう。

表7-2-1　危険源の種類と危険源の例

番号	危険源の例	
	原因	結果
1	**機械的危険源** ○加速度、減速度　○角張った部分　○固定部分への可動要素の接近 ○切断部分　○重力　○床面からの高さ　○高圧　○不安定　○運動エネルギー ○機械の可動性　○可動要素　○回転要素　○粗い、滑りやすい表面 ○鋭利な端部　○蓄積エネルギー　○真空	○ひ(轢)かれる　○投げ出される　○押しつぶし　○切傷又は切断 ○引込み又は捕捉　○巻き込み　○こすれ又はすりむき　○衝撃 ○噴出による人体への注入　○せん断　○滑り、つまずき及び墜落 ○突き刺し又は突き通し　○窒息
2	**電気的危険源** ○アーク　○電磁気　○静電　○充電部　○高圧下の充電部に対する距離の 不足　○過負荷　○不具合条件下で充電状態になる部分　○短絡　○熱放射	○やけど　○化学的影響　○体内の医療機器への影響 ○感電死　○墜落、投げ出される　○火災　○融溶物の放出
3	**熱的危険源** ○爆発　○火炎　○極端な温度の物体又は材料　○熱源からの放射	○やけど　○脱水　○不快感　○凍傷　○熱傷
4	**騒音による危険源** ○キャビテーション　○排気システム　○高速でのガス漏れ ○製造工程(打ち抜き、切断など)　○可動部分　○表面のこすれ・ひっかき ○バランスの悪い回転部品　○音の出る空圧装置　○部品の劣化・摩耗	○不快感　○認識力の喪失　○バランスの喪失　○恒久的な聴覚喪失 ○ストレス　○耳鳴り　○疲労
5	**振動による危険源** ○キャビテーション　○可動部の調整ミス　○移動装置　○表面のこすれ・ひっかき ○バランスの悪い回転部品　○振動する装置　○部品の劣化・摩耗	○不快感　○腰部の障害　○神経疾患　○骨関節障害 ○脊柱・脊椎骨の外傷　○血管障害
6	**放射による危険源** ○電離放射源　○低周波電磁放射　○光放射(赤外線、可視及び紫外線)、 レーザーも含まれる　○無線周波数帯電磁放射	○やけど　○目及び皮膚への障害　○再生機能への影響 ○遺伝上の突然変異　○頭痛、不眠症など
7	**材料及び物質による危険源** ○エアゾール　○ウイルス又は細菌を伴う物質　○可燃性　○ほこり　○爆発性 ○繊維　○引火性　○流体　○ヒューム　○ガス　○ミスト　○酸化剤	○呼吸困難、窒息　○がん　○腐食　○再生機能への影響 ○爆発　○火災　○感染　○突然変異　○中毒　○過敏症
8	**人間工学原則の無視による危険源** ○接近　○指示器及び視覚表示ユニットの設計又は位置　○制御装置の設計、 位置又は識別　○努力(身体的)　○明滅、まぶしさ、影及びストロボ効果 ○局部照明　○精神的過負荷／負荷不足　○姿勢　○反復動作　○視認性	○不快感　○疲労　○筋骨格障害　○ストレス
9	**機械が使用される環境に関連する危険源** ○ほこり及び霧　○電磁妨害　○雷　○湿度　○汚染　○雪 ○温度　○水　○風　○酸素不足	○やけど　○軽微な疾病　○滑り、墜落　○窒息
10	**危険源の組合せ** ○例えば、反復動作＋努力(身体的)＋高温環境	○例えば、脱水症状、認識力の喪失、熱射病

ISO12100附属書B　表B.1より引用・抜粋

● 第2項 ●　リスクアセスメントの進め方

　リスクアセスメントとは、危険性又は有害性の事前評価を行い、リスクの大きさにしたがって前もって対策をとることであり、次の4段階の手順を体系的に実施する手法です。

手順1：職場に潜む危険源（危険性又は有害性）を特定（洗い出し）する

手順2：それらに起因するリスクの程度（大きさ）を見積もる

手順3：リスクを見積もった結果、リスク低減の優先度を評価し、リスクを低減する措置を検討する

手順4：決定したリスク低減の措置を実施する

　以下に手順ごとの数値化の進め方について中央労働災害防止協会発行の『職長の安全衛生テキスト』におけるリスクアセスメント教材の事例を筆者が加工引用して紹介していきます。

　なお、リスクアセスメントを実際に行う場合は、手順1～手順4の検討事項をフォーマット化した1枚の用紙に順次記入していくことにより、抜けなく、効果的なリスクアセスメントを進めることができます（117頁　**表7-2-6**参照）。

【手順１】危険源（危険性又は有害性）の特定（洗い出し）

　作業に潜む危険源を特定するためには、その情報源となる法令、社内規程、機械設備、作業環境、作業方法や作業手順に関連する安全衛生情報を入手するところから始めます。それぞれの情報は社内の規程類、技術指針、作業マニュアル、チェックリスト、職場の規律、指示書などのように基準として定められている場合が多いので、リスクアセスメントでは、正常な状態や基準類と現状との「ずれ」を見つけることによって、危険源（危険性又は有害性）が特定されます。

　また、危険源の種類を分類する場合は、前述した**表7-2-1**の「危険源の種類と危険源の例」に基づけば客観的な分類ができます。

【手順２】特定した危険源によるリスクの程度を見積もる

　厚生労働省の労働安全衛生マネジメントシステムに関する指針の９では、リスクの程度を「災害の重篤度」＋「災害の発生の可能性の度合」を数値化して表現するとしています（注：本書では「たし算方式」を採用しています）。

　さらに、「災害の発生の可能性の度合」を次の２つのレベルに分けて表現します。

　「災害の発生の可能性の度合」＝（作業者が危険性又は有害性に近づく頻度）＋

　　　　　　（危険性又は有害性に近づいたときに災害に至る可能性）

　以上の考え方をまとめると**図7-2-1**に示す「リスクレベルの見積り方法」として表現することができます。

　リスクの見積りに適用する数値は、重篤度、頻度、可能性に分けてそれぞれの段階毎で数値化したものを使い、リスクポイントを求め、そのリスクポイントに相当するリスクレベルが決まります。

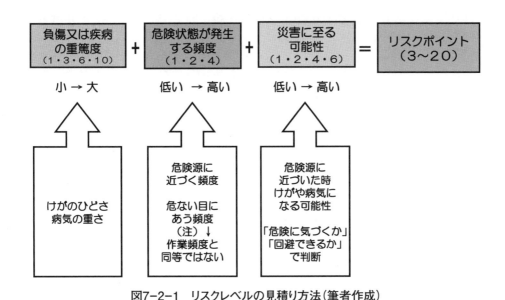

図7-2-1　リスクレベルの見積り方法（筆者作成）

　なお、リスクを見積もる際に特に留意すべきことは、**表7-2-3**に示される「危険状態が発生する頻度」は、作業頻度そのものではないということです。例えば、「同じ作業を毎日何回も実施しているが、そのうち危険な状態が発生するのは週に1回程度である」という状況がリスクアセスメントで用いる頻度の考え方です。

表7-2-2　負傷又は疾病の重篤度の区分と配点例

重篤度	点数	災害の程度・内容の目安
致命的	10	死亡災害や身体の一部に永久的損傷の伴うもの
重　大	6	1ヵ月以上の休業災害や一度に多数の被災者を伴うもの
中程度	3	1ヵ月未満の休業災害や一度に複数の被災者を伴うもの
軽　度	1	不休災害やかすり傷程度のもの

表7-2-3　危険状態が発生する頻度の区分と配点例

頻　度	点数	内容の目安
頻　繁	4	1日に1回程度
時　々	2	週に1回程度
滅多にない	1	半年に1回程度

表7-2-4　災害に至る可能性の区分と配点例

可能性	点数	内容の目安
確実である	6	安全管理対策なし。表示・標識があっても不備が多い。
可能性が高い	4	防護柵などの安全装置等が設置されていない、設置されていても相当不備がある。非常停止装置や表示・標識類は一通り設置されている。
可能性がある	2	防護柵などの安全装置等は設置されているが、柵が低いまたは隙間が大きい等の不備がある。危険領域への侵入や危険源との接触が否定できない。
可能性はほとんどない	1	防護柵などの安全装置等が設置され、危険領域への立ち入りができない状態。

表7-2-5　リスクレベルと低減措置

リスクレベル		リスクポイント	リスク低減措置
Ⅳ	重大な問題がある	13～20	・リスク低減措置を直ちに行う。 ・措置を講じるまで作業を中止する。 ・十分な経営資源を投入する。
Ⅲ	問題がある	8～12	・リスク低減措置を速やかに行う。 ・措置を講じるまで、作業しないことが望ましい。
Ⅱ	多少の問題がある	5～7	・リスク低減措置を計画的に行う。 ・措置を講じるまで、作業を適切に管理する。
Ⅰ	ほとんど問題がない	3～4	・費用対効果を考慮してリスク低減措置を行う。

【手順3】リスク見積りの結果よりリスク低減の優先度を決定し、リスクを低減する措置を検討する

　リスクアセスメントの手順2で見積もったリスクポイントに応じてリスクレベルが決まると、その値が大きいほどリスク低減措置の優先度が高くなります。

　リスク低減措置内容は、**表7-2-6**のリスクアセスメントフォーマットの手順3にも記載しているように、低減措置内容の検討手順は、先ず法令に関することからはじめ、①本質安全化→②工学的対策→③管理的対策→④個人用保護具の使用の順番で検討します。

　特にリスクレベルが高い作業は、エラー等の人的要因による影響が少なく、リスク低減効果が高い①本質安全化、②工学的対策等を採用しなければなりません。なお、①～④のリスク低減措置内容に応じたリスク低減効果の考え方は、リスクアセスメントの有効性を高めるためにも重要であり、本章第3節以降で基本的な考え方を解説します。

【手順4】決定したリスク低減の措置を実施する

　手順3で検討したリスク低減措置内容に応じて、リスク低減措置実施後を想定したリスクを見積もります。

　手順4で見積もられたリスクレベルの低減が、期待値以下である場合は、再度リスク低減措置内容を見直し、リスクレベルを下げていきます。そして、期待値まで下がれば、その時点でリスクアセスメントは完了し、そのリスクレベルが残留リスクになります。

表7-2-6 リスクアセスメント検討用紙

作業名：

No.	手順1 危険性又は有害性の特定（洗い出し）				手順2					手順3							手順4					
	作業内容	誰が	何で（何をして）	どうなる（具体的傷病名まで書く）	現状リスクの見積り			優先度の設定		低減措置の内容検討優先順位						リスク低減措置（対策）	措置実施後のリスクの見積り（予測）					措置実施に当たり準備すべき事項（関係者に周知すべき事項）
					重篤度	頻度	可能性	RP リスクポイント	RL リスクレベル	必須 法令対応	① 本質安全化	② 工学的対策	③ 管理的対策	④ 個人用保護具			重篤度	頻度	可能性	RP リスクポイント	RL リスクレベル	
事例1	1階の高所に設置されたバルブの点検作業	作業者	立掛け式はしごを使用してバルブを点検しているとき	足を滑らせて転落し、頭部を床で強打する（脳損傷）	10	2	2	14	Ⅳ		○					バルブを箇所の高所から床面に移設し、立掛け式はしごを使用する作業をなくす	—	—	—	—	—	新たな作業方法による新たなリスクの発生については、別途、検討する必要あり。
事例2	設備内通路の歩行	作業者	通路脇に設備の一部がはみ出ているのに気付かず	向こう脛をぶつけてケガをする（挫創）	3	4	2	9	Ⅲ			○			通路にはみ出した設備の一部の角度を変更し、通路上に障害物が出ないようにする	1	1	1	3	Ⅰ	
事例3	同上	作業者	同上	同上	3	4	2	9	Ⅲ				○		通路にはみ出した設備の一部を黄色に塗装し、注意喚起する	3	4	2	9	Ⅲ	注意喚起に気付かなければ効果がなく、リスクは下がらない。

117

● 第3項 ● リスクアセスメントと危険予知の違い

　従来から行われてきた災害予防を目的とした活動に危険予知活動があります。

　事業所を訪問して現場に掲示されている危険予知ボードを拝見すると危険予知にリスクアセスメントを包含するような内容で行われている事例をよく目にします。

　このような職場活動は間違いとは言えませんが、本来のリスクアセスメントは、当日の作業開始前に行う短時間での取り組みでは抽出しきれない危険性又は有害性を特定して、特にリスク低減効果の高い対策をとるために、時間軸を長く見る必要があります。従って、ライン管理者のレベルでは、**表7-2-7**、**表7-2-8**に示す双方の違いをよく認識して、効果的なリスクアセスメントを実施して職場のリスクレベルを下げる取り組みをすることを推奨します。

表7-2-7　実施手順内容の違い（筆者作成）

	リスクアセスメント	危険予知
類似	手順1：危険性又は有害性の特定 ・危険源・有害源（〜なので・・・） ・人（〜して） ・危険状態(〜の時) 〜がなくて ・危険事象（〜になる）	第1R：どんな危険が潜んでいるか ・〜なので（作業・物との接触・行動） ・〜して（人） ・〜になる（事故の型）
違う	手順2：リスクの見積り・評価 各々の危険有害要因についてリスクの見積り・評価を行う	第2R：これが危険のポイントだ 複数の危険有害要因から、その日の作業で特に重大なものを選定する
	手順3：優先度の低減措置検討 リスクの大きさに対応してリスクを具体的に除去・低減する対策を見い出す	第3R：あなたならどうする 経験に基づき思いつく対策 （実施事項）を出し合う 第4R：私達はこうする 重点事項を絞り込む

表7-2-8　狙いの違い（筆者作成）

リスクアセスメント	危険予知
事業者が建設物・設備・機械・材料・環境又は作業で発生する危険・有害性から作業員を守る。 　→危険の排除や接触防止 　　（本質安全化〜保護具） ●主体は事業者 　（改善対策費用が発生）	作業員が自分達の意思で災害防止のための共通の行動目標を決め全員が守る。 　→危険の回避（身構え） 　　（安全行動） ●主体は作業グループ 　（特別な費用は不要）

● 第4項 ● 安全と安心の違い

　最近、新聞やテレビの報道では、「安全・安心」という言葉がセットになってよく使われています。この「安全・安心」に関しては、安全/安心二分法というものの見方があります。　安全/安心二分法とは、「安全」は科学で決まる客観的なものであり、一方「安心」は心理で決まる主観的なものであるという考え方です。

(1) 『安全』と何か？

　ISO/IECガイド51：2014（安全規格を策定する際の基準となるガイドライン）によると、「安全とは、許容不可能なリスクがないこと。（freedom from risk which is not tolerable）」と定義されています。

　すなわち、『安全』とは、技術的なリスク評価に基づく客観的な概念です。

　言い換えれば、リスクを社会が許容可能なレベルまで極小化している状態を安全であるとしているのです。また、この社会が許容可能なレベルは、社会情勢の変動に伴い、変化することに留意する必要があります（**図7-2-2**）。

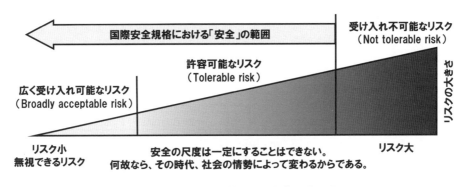

図7-2-2　国際規格による安全の考え方

(2) 『安心』とは何か？

　『安心』とは、個人の感情に基づく主観的な判断によるものであり、事故や災害への不安がないことを意味しています。

　例えば、定期航路を飛ぶ旅客機は、墜落事故があると、ほぼ全員が死んでしまいます。だから「安心」できないといって、東京から九州へ行くときでも墜落の心配のない新幹線に乗るという人がいます。確かに新幹線は昭和39年10月1日開業以来、事故による乗客の死亡率はゼロです。また旅客機の死亡率は、0.0009％（米国 国家安全運輸委員会NTSB）であり、これまた非常に低く、自動車等と比べると非常に安全な乗り物だといえます。

　一方、多くの企業の設備や作業は、新幹線や旅客機などと比べると、種々の制約条件により徹底した安全性の追求がされていないのが実情ではないでしょうか。

　しかし、現代においては、仕事の安全性に対する社会の要求レベルは、どんどん高くなってきており、逆行することはまず有り得ません。したがって、企業においては、法令等に基づく最低限の「安全」を確保するだけでなく、より安全性の高い作業と設備を実現することによって、従業員やその家族をはじめとする関係者が「安心」できる事業運営を追求していかなければならないと筆者は考えています。そして、事業者には、従業員に対して安全と併せて安心を保証するという目標を持って、高いレベルの安全文化を創り、育てていっていただきたいものです。

● 第5項 ● 　多くの作業リスクはALARP領域にある

　キャロットダイアグラムでよく知られているALARP（As Low As Reasonably Practicable）の原理というものがあります。これは、許容限度を超える領域（Ⅳ）にあるリスクは認められませんし、広く一般に許容できる領域（Ⅰ）のリスクならば対応の必要はありません。しかし、その間のリスク領域にあるものは、これをALARP 領域と呼び、できる限りのリスク低減に努力しなければならないとする考え方です（図7 −2−3）。

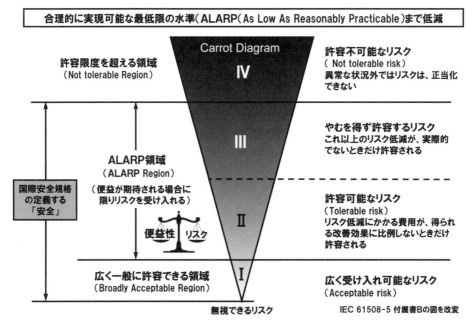

図7−2−3　キャロットダイアグラム

その際、どこまで低減努力をすべきなのかは、その低減努力が合理的でなくなるまで、つまり、コストをかけてもそれ以上のリスク低減が技術上の制約等で実際的でないというレベル（やむを得ず許容するリスク；Ⅲ）、あるいは、それ以上リスクを低減しようとするとそのための費用が、機能やベネフィット（便益）を失くしてしまうレベル（許容可能なリスク；Ⅱ）に止まるケースを除き、広く受け入れ可能なリスク（Ⅰ）のレベルになるまでリスクを低減すべきであるということです。

　現在、多くの企業では、作業の許可要件として、リスク低減措置後のリスクレベルが（Ⅰ）であることを条件としているため、リスク低減効果の低い対策でありながら、リスクレベルを（Ⅰ）としている事例がよく見受けられます。

　リスクアセスメントにおけるリスク低減措置のリスク低減効果は、**図7-2-4**に示すように、「本質安全化」が最も確実であり、ついで「ハード対策（工学的対策)」がそれに続きますが、安全対策設備の故障や人が介在する維持管理の良し悪し等が、リスク低減効果の阻害要因として内在しています。

　一方、作業基準や作業手順書の作成およびその教育訓練等を行う「管理的対策」では、作業者が、リスクが存在する下で、確実に実行することによって危険を回避するものです。したがって、リスクレベルを（Ⅰ）として見積もっていても、作業者が故意に作業手順を変更したり、何らかのエラーが発生したりした場合には、本来のリスクレベルに応じた災害が発生しやすくなってしまいます。

　同様に、個人用保護具に関しても、作業者が正しく使用しなければ、その効果は望めません。例えば、高所作業の安全対策として墜落制止用器具の使用を条件に墜落に至るリスクレベルを（Ⅰ）とした場合に、しっかり掛けたはずのフックが何らかの理由によって外れてしまうと、作業者が高所から墜落し、重篤な災害になりかねません。

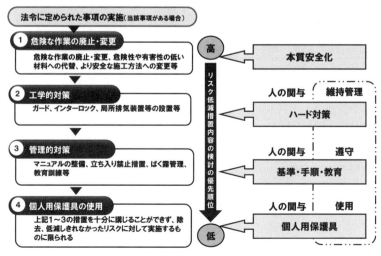

図7-2-4　リスク低減措置の4階層

　したがって、「管理的対策」や「個人用保護具」の使用によってリスクレベルを一律に（Ⅰ）に下げてしまうことは、望ましい姿ではありません。むしろ適正にリスクを見積もった結果がALARP領域にあって、それ以上のリスク低減が合理的でないと判断される場合は、作業者に高い残留リスクの存在を十分に認識させて、高い職務規律に基づく行動を定着していく必要があります。

● 第6項 ●　許容されるリスクは、時代とともに変化する

　本章第4項で述べたとおり、安全とは許容不可能なリスクがないことであり、安全を「絶対安全」として定義するのではなく、リスクを経由して定義されていることが分かります。したがって、リスクはゼロにはならず、常にリスクを意識した安全作業への取り組みが必要です。

　リスクで定義される安全の尺度は、それぞれの時代の安全に対する価値観によって変わり、一定にすることはできません。**写真7-2-1**は、日本を代表する鉄塔建設の安全対策を対比したものですが、50年の差が一目瞭然です。

毎日新聞社提供

写真7-2-1　時代とともに変わる許容可能なリスク

第3節 安全対策の優先順位と災害防止効果の考え方

【安全対策の優先順位】

　リスクアセスメントに基づく災害予防を目的とした安全対策を検討する際には次の3点について考慮する必要があります。

　　①　法令等で定められた最低限の措置事項への該当の有無

　　②　検討順位は、災害防止効果の高⇒低の順に行うこと。

　　③　リスク低減措置の具体的な効果

　表7-3-1は、リスク低減措置検討の優先順位とリスク低減措置の事例を示したものですが、この順位に準じて検討を進めることによって、より合理的な安全対策を採用することができるようになります。

　しかし、通常、リスクアセスメントは、技術スタッフや監督者など管理者の部下が行う場合が多く、低減措置では経営資源面での負担が軽い「管理的対策」や「個人用保護具の使用」などの対策で妥協してしまいがちです。

　従って、ライン管理者は、部下が検討したリスク低減措置内容をよく精査して、経営資源を投入し、合理的で効果的なリスク低減措置になるよう積極的に関与することが期待されています。

表7-3-1　リスク低減措置の優先順位(筆者作成)

検討の優先順位			リスク低減措置の事例
高	STEP 必須	法令対応 (最低条件)	該当事項がある場合、法令に定められた措置事項を実施
	STEP 1	本質安全化 (危険の排除)	危険作業の廃止、変更により危険性または有害性の低い材料への代替 設計や作業計画段階から危険性または有害性除去または低減する措置 フェールセーフ、フールプルーフ化、機械化、遠隔化、高所作業のユニット工法化
	STEP 2	工学的対策 (危険の隔離)	**STEP1の対応で除去しきれなかった危険性または有害性に対し、** ガード(カバー、立ち入り禁止柵等)、インターロック、　安全装置(ストッパー、ロックピン等)、安全設備(作業床、手すり、昇降設備等)、仮設安全設備(足場、階段、はしご等)、局所排気装置の設置等の措置
	STEP 3	管理的対策 (危険の制御)	**STEP2の対応で除去しきれなかった危険性または有害性に対し、** マニュアルの整備、立入禁止措置、ばく露管理、教育訓練、健康管理等作業者を管理・統率、教育・トレーニングすることによる対策
低	STEP 4	個人用 保護具の使用 (接触防止)	**STEP3の対応で除去しきれなかった危険性または有害性に対し、** 呼吸用保護具、保護帽、保護めがね、耳栓、保護クリーム、墜落制止用器具、手袋、安全靴、保護衣等、安全衛生保護具使用を義務化するものであり、**この措置でSTEP1〜3の代替としてはならない!**

123

● 第1項 ● 　本質安全化（危険源の排除、低減）

　本質安全化は、危険性・有害性に関わる危険源そのものを排除したり、危険性・有害性がより低いものと入れ替えたりすることによって、恒久的にリスクを低減する取り組みであり、最も効果的なリスク低減措置に位置づけられています。この設備や作業の本質安全化の視点は次のように整理されます。

①　危険源そのものをなくす／低減する（**図7−3−1**参照）

- 危険・有害物質の排除、より低いものとの入れ替える。
- 機械的に危険な部位をなくす。

　（突起物や鋭利な角をなくす、指の入る隙間をなくすなど）

- 物理的に人や機械の交差をなくす。

　（鉄道や道路の交差部を立体交差化する、歩道橋の設置など）

- エネルギーを小さくする。

　（高所作業を地上作業化、安全電圧化など）

②　作業者が危険領域に入る必然性をなくす／低減する

- 設備の故障を減らし、作業者が危険源にばく露する機会を減らす。
- 作業者の行う作業を機械化、自動化することにより作業者が危険源にばく露する機会を減らす。

③　フールプルーフ化・フェールセーフ化

- 作業者に不安全な行動があっても機械側で歯止めをかけるもの。
- 設備・機械等に異常が起きても、常に安全側に作動するもの。

　特に重篤度の高いハイリスク作業は、できる限り本質安全化を図って、取り返しのつかない災害に至らぬよう、確実な対策の採用が望まれます。

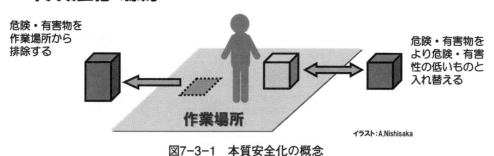

図7-3-1　本質安全化の概念

● 第2項 ● 工学的対策（危険源の隔離：ハード対策）

　工学的対策は、前述の本質安全化によって除去しきれず危険源が残っている状態で、物理的手段で危険源を隔離して人がエラーをしても危険源と接触することのないようにするリスク低減措置をいいます。

　その具体的な措置は、前述の**表7-3-1**「リスク低減措置の優先順位」の事例に記載したとおり、ガード（カバー、立ち入り禁止柵等）、インターロック、安全装置（ストッパー、ロックピン等）、安全設備（作業床、手すり、昇降設備等）、仮設安全設備（足場、階段、はしご等）、局所排気装置などによって人と危険源を隔離する措置がその主なものです。

　工学的対策のリスク低減効果は、確実な効果が期待できますが、それぞれのハード対策は、時間の経過とともに劣化が進行するものであるため、適切な維持管理がされないとそのリスク低減効果は消滅してしまいます。

　したがって、工学的対策（ハード対策）を選択する場合は、その機能の維持管理を継続的に行う必要があることを使用条件に入れておかなければなりません（**図7-3-2、写真7-3-1**）。

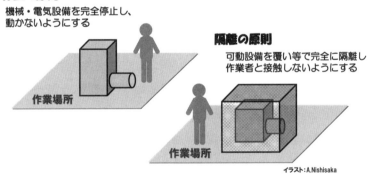

図7-3-2　工学的対策の概念

駅のプラットホーム

黄色線と注意喚起放送のみ
高速通過列車は中央の線路を走る
（山陽新幹線　福山駅）

ホームゲートによる隔離
（東京 山手線　目白駅）

写真7-3-1　ホームゲートによる触車事故防止（筆者撮影）

● 第3項 ● 　管理的対策（危険源の制御：ソフト対策）

　管理的対策は、前述の本質安全化や工学的対策などの、いわゆるハード対策で除去しきれずに残っている危険源に対してとるソフト面での安全対策措置です。

　具体的な措置としては、次に示すような方策が代表的なものです。

① 　安全に作業をするための作業標準や作業手順書の整備

② 　安全に作業をするための教育・トレーニング

③ 　労働衛生に関する作業管理や健康管理

④ 　危険源周辺への立ち入り禁止措置

⑤ 　エラーを起こしにくくする人間工学的な配慮

⑥ 　エラーに気付かせるための注意喚起

　管理的対策とは、このような具体的な方策を実践することによって、危険源が存在する状況下でも危険源を安全にコントロール（あるいは制御）して危険源と人との接触を防ぎ、労働災害を防止する方策です。この対策は、多くの企業で中心的な取り組みになっていますが、特に作業標準書や作業手順書あるいは、作業マニュアルの類は、その完成度がいくら高くても、作業者が何らかの理由でそのとおり実施できなかった、あるいは、そのとおりやらなかった場合には、災害に至ってしまうという弱点を秘めていることを忘れてはいけません。

　管理的対策は、その内容の完成度とともに、作業者の確実な実践が伴って初めて安全が確保されるのであり、災害へのリスクがなくなったわけではないということです。したがって、管理的対策は、作業者の正しい実践が伴わなければ、絵に描いた餅になってしまいます。

　生産設備を一時的に停止して行う機械修理作業等の非定常作業における条件設定（定義は、第5章第1節第3項を参照）は安全確保の大前提になるものですので、少し丁寧に解説をしておきます。

　一時的に停止した設備は、その停止措置を解除すれば生産設備が再起動するということであり、その停止措置は確実かつ人のエラー等の影響が及ばないようにする必要があります。図7-3-3に示す人の作業空間と機械の動作空間が重なる領域が危険領域と呼ばれるものであり、設備の修理作業はこの領域に作業者が立ち入って直接生産設備に触れて作業するものですので、修理作業中は機械設備を完全に停止させ、かつ、その領域内に危険性や有害性が残留しないようにしなければなりません。

　表7-3-2に条件設定対象と措置内容の事例を紹介します。

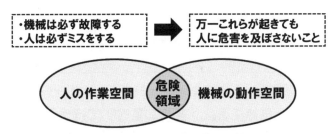

・機械は必ず故障する
・人は必ずミスをする　　⇒　　万一これらが起きても人に危害を及ぼさないこと

人の作業空間　危険領域　機械の動作空間

人と機械の動きが同一空間内（危険領域）に存在する場合に
人が機械の可動部等に接触すると人は危害を受ける。

機械災害防止の基本　⇒　上の条件が成立しないようにすること
＊空間的な重なりをなくす
＊時間的な重なりをなくす

図7-3-3　機械災害防止の原則（筆者作成）

表7-3-2　条件設定対象と措置内容の事例

		対象	措置内容
①	電源	動力電源、操作電源	二重切り＋操作禁止札
②	油圧源	油圧ポンプ、制御機器、アキュムレーター、配管、シリンダー、油圧ホース等	二重切りと圧抜き＋操作禁止札
③	空圧源	圧縮機、レシーバータンク、配管、シリンダー等	二重切りと圧抜き＋操作禁止札
④	機械自重	揺動体（アーム、レバー）、傾斜・垂直昇降体（リフター、バランスウエイト等）	固定措置＋操作禁止札
		水平移動体（台車等）、アンバランスな回転体（ウォーキングビーム等）	
⑤	危険・有害物質	気体・・・CO、硫化水素、酸素、窒素、水素、酸欠空気、蒸気等	配管二重遮断、残留物質除去＋操作禁止札
		液体・・・酸、アルカリ、タール、有機溶剤、危険物、熱湯等	
		固体・・・有害粉じん、可燃物、劇毒物、放射性物質等	

① 「電源への条件設定」の基本

　修理作業は、動力電源主回路を手動遮断+操作電源停止が条件（**図7-3-4**）

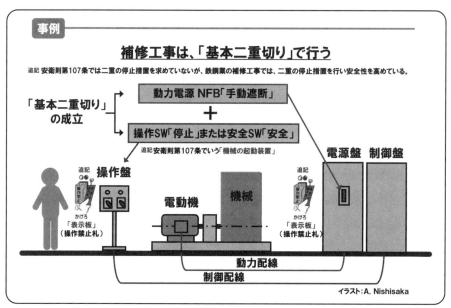

図7-3-4　「電源へ条件設定」の基本

電源二重切りの基本フロー（**図7-3-5**）

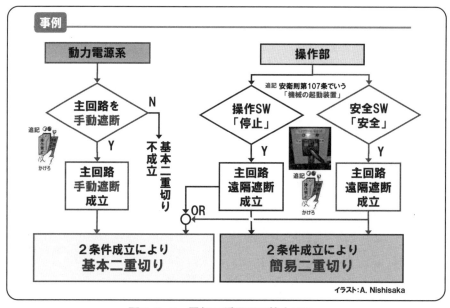

図7-3-5　電気二重切りの基本フロー

② 「油圧装置への条件設定」の基本

電源への基本二重切り＋油圧回路のすべての残圧開放 （**図7-3-6**）

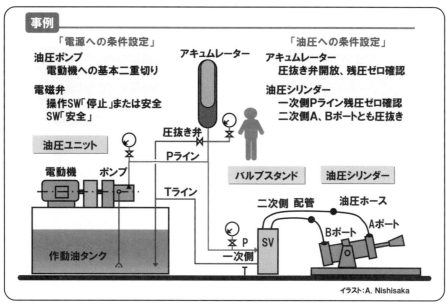

図7-3-6 「油圧装置への条件設定」の基本

③ 「空圧装置への条件設定」の基本

電磁弁電源切り＋各空圧機器残圧ゼロ＋圧空元弁以降残圧ゼロ （**図7-3-7**）

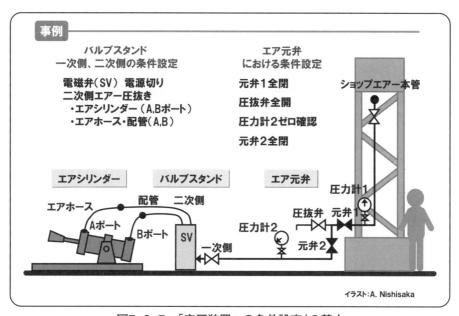

図7-3-7 「空圧装置への条件設定」の基本

④　「機械への固定措置」の基本（1／2）

　揺動体、昇降体は、機械の自重による揺動、落下を物理的に固定（図7-3-8）

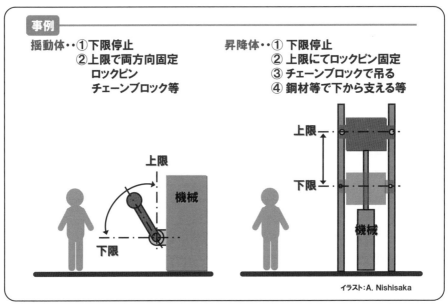

図7-3-8　「機械への条件設定」の基本（1/2）

⑤　「機械への固定措置」の基本（2／2）

　水平移動体、アンバランスな回転体は、物理的に固定（図7-3-9）

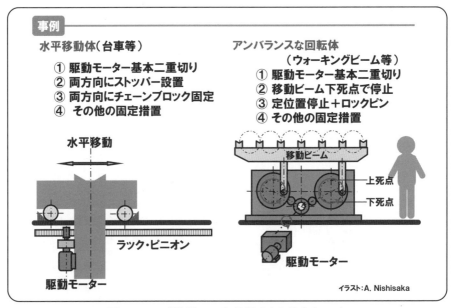

図7-3-9　「機械への条件設定」の基本（2/2）

⑥ 「有害ガス・液体・粉体への条件設定」の基本

　作業空間内に有害物質の残留なし、流入なし（図7-3-10）

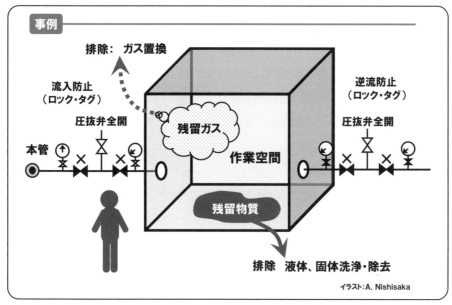

図7-3-10　「有害ガス・液体・粉体への条件設定」の基本

可燃性ガスの遮断・・二重遮断が基本（図7-3-11）

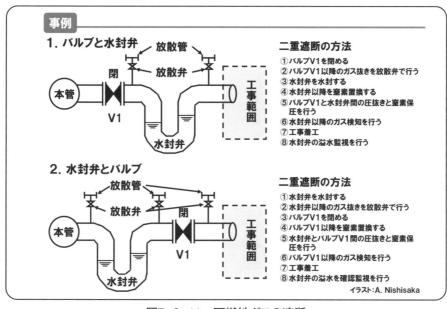

図7-3-11　可燃性ガスの遮断

● 第4項 ● 個人用保護具の使用（危険源との接触防止）

(1)　保護具

　個人用保護具は、作業者が危険源と直接接触することによって発生する人体の傷害や健康障害を防止又は軽減を目的とするものであり、用途によって「安全保護具」と「衛生保護具」の2種類に分けられます。

　例えば、**図7-3-12**で作業者が使用している保護具では、防じんマスクが「衛生保護具」であり、その他はすべて「安全保護具」です（もちろん、これ以外にもそれぞれ多くの種類の保護具がありますが、保護具の解説については本書の目的ではありませんので詳細は省略します）。

(2)　リスク低減対策としての個人用保護具の位置づけ

　リスクアセスメントによる「リスク低減対策」としての個人用保護具の使用は、安全対策階層では優先順位が4番目に位置づけられた補助的な安全確保のための措置です。すなわち、個人用保護具は、その上位の本質安全化や工学的対策などによって除去しきれなかった危険源に対して、作業手順の設定などの管理的対策と共に用いるべきものであって、第一優先で採用すべきものではないということです。

　あくまでも、個人用保護具の使用目的は、人のエラーや不安全事象が発生した際の影響を緩和するための補助的なものであり、個人用保護具の使用を上位の安全対策の代替にしてはいけません。

ゴーグル
ヘルメット
保護メガネ
防じんマスク
墜落制止用器具
手袋
安全靴（長）

図7-3-12　個人用保護具着用例

● 第5項 ● 二重、三重の対策が安全・安心を保証する

　図7-3-13に示す多重防護と災害の概念図（スイスチーズモデル）では、すべての多重防護層（スイスチーズ）に欠陥があり、かつその防護層にできた穴が一直線に並ぶという稀なタイミングで危険源からの矢が欠陥の穴を貫通して人に当たり、災害が発生することを物語っています。

　このように、災害は、「人」と「危険源」の接触によって発生するわけですが、それぞれの災害には必ず原因があり、事故調査によってそれを詳しく探れば確実な対策が打てるものばかりです。ですから、災害が発生する前に問題となりそうな原因を見つけ、先回りして対策をとっておけば、すべての災害は予防できると考えられます。このような考え方で、予め想定される災害に対して信頼性の高い安全対策を多重に構えておくことによって、多重の防護層のうちどれかが矢を受け止めて、危険源と人の接触を防止することができることになり、災害が防止できます。

　したがって、会社の経営者や安全管理者は、安全対策階層においてより信頼性の高いリスク低減方策を多重に採用して、その防護性能の維持管理を適切に行い、従業員やそのご家族の安全・安心を保証できるよう取り組むことが望まれます。

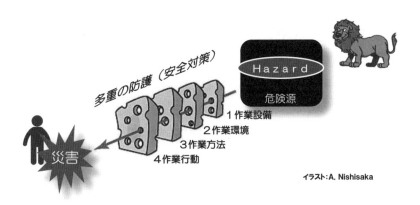

図7-3-13　多重防護と災害の概念図

第4節 重篤度の高いリスクへの対応のあり方

　本章の第3節第1項「本質安全化（危険源の排除、低減）」でも述べたとおり、重篤度の高い傷害が想定されるリスクの高い作業に対しては特段の配慮が必要であると筆者は考えています。すなわち、作業のリスクアセスメントの結果、想定される重篤度が死亡や後遺障害が残るような作業では、ヒューマンファクターに関わるエラーやミスがそのまま災害につながるような仕事は、不適切な作業であると言わざるを得ません。その理由は、作業者側にエラーやミスがあったからといって、「作業者が重篤な災害に遭っても仕方がない」という理屈は、その作業者のご家族や親族の方々には通じないからです。

　このテーマは、非常に重いテーマではありますが、重篤な災害が起きてしまってから対策を考えることほど空しいものはありませんので、転ばぬ先の杖としてここでその対処法を考えてみましょう。

　重篤度の高いハイリスク作業は、設備改善や作業改善などのリスク低減効果の高い施策によって、まずリスクレベルを下げることを考えなければなりません。すなわち、設備であれば本質安全化や工学的な対策によってリスクを下げること、また、工事などの現場作業であれば、高所作業を極力地上作業化して、高所での作業量を削減する措置を取るとか、解体工事などでは人による解体作業を極力機械解体に切り替えるなどの代替措置によって、作業者が危険源に接近するチャンスを減らすこと。この種の発想の転換は、経営資源の投入権限を持たない現場の人には無理な施策であり、経営者やライン管理者が積極的に関与すべき重要な取り組みといえます。特にライン管理者は、重篤度の高い作業を作業手順やルールの遵守などの作業者に依存する対策で「良し」とすることなく、常に問題意識を持ってリスク低減効果の高い施策を採用して、リスクレベルを下げ、重篤な災害の発生を防止する視点を忘れないようにしてほしいものです。

【その仕事、自分の子供にさせられますか？】

　人には、それぞれに内容は違っても、かけがえのない大切な家族や親兄弟がいると思います。そして、そのうちの誰かが不幸にも病気になったり、事故や運動中などにけがをしたりすると、皆が自分のこと以上に心配をするものです。これは、自分の身内に対する深い愛情から来るものであり、特に親が子に対する愛情は、「代われるものなら、代わってあげたい」と言わしめるほどに強いものがあります。

　それでは、会社の仕事ではどうなっているでしょうか？

　以下は、ある工事室長の対応の実話です。

　ある工場で有害なCOガスが設備から漏れだして修理作業が必要になったとき、操業側から設備を止めると後の立ち上げが大変だから、何とかエアーラインマスクを使って漏れている部分の修理作業ができないかとの打診を工事室長が受けました。COガスは特定化学物質でもあり、万一、エアーラインマスクが外れかかってCOガスを誤って吸入してしまうと重大な災害になりかねない作業であったため、工事室長は「そんな危険な作業を部下にやらせるわけにはいかない」と依頼者に設備を止めるよう要求しました。

　それでも、食い下がってくる依頼者に対してその工事室長はこう言ったのです。「あんた、そんな危ない仕事を自分の子供にさせられるかね？」

　その言葉を聞いた依頼者は、ハッとわれに返り、「よく分かりました。設備を止めます。」と言って工事時間を再調整することになったそうです。

135

作業手順書は実践されなければ 災害防止効果ゼロ

　リスク低減措置のうち、管理的対策の代表的なものに「作業手順書」が多くの企業で作成され、現場で使われています。この作業手順書は、作業を「より安全に（けがなく・やりやすく）」、「より良く（予定の品質で）」、「より早く（予定の納期内で）」を目的に作成されるもので、日常作業を進める上での重要な個別作業の決めごとです。

　この作業手順書を安全という視点で見ると、

　　①　変更してはならない重要な作業手順が指定されているもの
　　②　使用できる道具が指定されているもの
　　③　動点検など作業者の位置や作業姿勢が指定されているもの
　　④　作業中に着用すべき保護具が指定されているもの
　　⑤　火気使用に制限条件が設定されているもの
　　⑥　作業エリア内に立ち入り禁止区域が設定されているもの
　　⑦　条件設定内容が指定されているもの
　　⑧　作業主任者等の配置が指定されているもの

等、これ以外にも作業の内容によって種々の制約条件が作業手順書には記載されているのが実態だと思います。作業手順書の中で指定し、作業チームに実践を要求している内容は、そのすべてを決められたとおり実践して初めて作業が安全に遂行できるようになっています。したがって、作業チームの一員が、一人でもその作業手順書に指定された事項を順守しなければ、作業の安全性が低下して危険源との接触を回避できなくなってしまい、作業手順書による災害防止効果は消滅してしまいます。

　このように、作業手順書自体には恒久的なリスク低減効果はなく、その作業手順書を作業者が律儀に実践してはじめて危険源との接触を回避する効果が期待できるわけです。

　多くの企業で実践しているリスクアセスメントのリスク低減対策としての作業手順書設定の効果が、リスクレベルⅠとしている場合が多く見られますが、これは作業手順書によるリスク低減効果算定の考え方に誤りがあり、作業手順書設定では本来リスクは下がらず、むしろ、作業手順書の確実な実践によって事故や災害を回避できていると考えなければいけません。すなわち、「作業手順書は、実践されなければ災害防止効果ゼロ」ということになります。

第6節 重要な変更管理（人・作業・設備・環境）

● 第1項 ● 変更とは？

　通常、私たちの会社で行われている作業は、**図7-6-1**に示すように作業手順書などの基準に基づいて作業が進められます。そして、その作業の進捗過程で発生するさまざまな変動要因の影響を受けることによって基準から「ずれ」が発生し、そのずれによってリスクが増大していきます。

　変更とは、現在「妥当なもの」として認められた作業手順書などの基準やルール、あるいは「妥当であるべき」ものとして取りあえず許容された状態に対して、「ずれ」を生じさせる可能性のある変化を起こさせる行為をいうものであり、基準やルールから逸脱し、リスクを増大させる行為です。

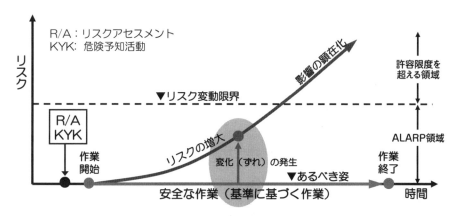

図7-6-1　基準からのずれ

● 第2項 ● 変更管理とは？

　変更管理の目的は、変更が原因で業務に負の影響が起きるのを避けるものであり、変更管理は、「変更を管理する」のではなく、「変更がもたらす影響を管理する」ことを言います。

● 第3項 ● なぜ変更管理が重要なのか？

　変更には、機械や道具の変更、作業内容や手順の変更、人の変更、スケジュールの変更等の内部変化、法令の改正、作業環境や社会環境の変化等の外部変化などさまざまな変更があります。変化があれば人にも物にも設備にも当然影響が及び、リスクも生まれるわけであり、それにきちんと対応していかなければなりません。それにもかかわらず、現場では変更に対する意識が薄く、これが事故の引き金になるというケースが多々あります。

　また、変更に気づいていても、自分の力で何とかなるという過信から、そのまま変更を放置して事故や災害に至ってしまうこともあります。変更があった時、「まあいいや」「大丈夫だろう」というような安易な気持ちで行ってしまい、注意を喚起しないところにこそ落とし穴があります。

　「JCOの臨界事故」などは、作業手順に関する「変更管理」が機能しなかったために起きた典型的な事例といえます。私たちの仕事においても「変更管理」が不十分であったために発生した災害が多々あり、「正しい変更管理」が必要とされています。

● 第4項 ● 変更管理はリスク管理である

　変更管理のポイントは、仕事に従事する一人ひとりが、変更管理すべきかどうかというキチンとした認識を持って対処するということですが、そこがキチンとなされていないのが現状です。

　したがって、まずは変更管理の定義と手順を明確にし、誰が見てもすぐに分かるような仕組みを作っておかなくてはなりません。

　「どういうものが変更に該当するのか？」「その場合、関係者はどう対応しなければならないのか？」「新入社員から関係協力会社のスタッフに至るまでが、すべての影響を把握し、変更の内容を共有し、互いに理解できるようにしておくこと」が必要です。

　さらには、リスクをきちんと評価し、同時にすべての人に徹底させるために文書化し、体系的にチェックし、管理する必要があります。

　「起こると思った事故は、必ず起きる」というマーフィーの法則がありますが、こ

の法則は、事故を未然に防ぐために、"想定できることは事前に対応できる"ということを示唆しています。

　我々の仕事は、常に変化しています。その変化にいち早く気づき、変更管理をしていかなければなりません。「常に最悪を予想し、変更管理を積み重ねる」これこそが、事故や災害に備えた「リスク管理」といえます。

● 第5項 ● 作業要素の変更（変化）がリスクを増大させる

　以下の図7-6-2に示した作業の4要素（人、作業方法、作業設備・道工具、作業環境）の変更（変化）が原因となって作業のリスクが増大していきます。しかし、変化によって増加するリスクの大きさは変化の度合いによって左右されるため、一律ではありません。

　例えば、図7-6-3「うまくいった仕事」では、作業要素の変化によるリスクの増大に対して作業者が変化に柔軟に対応して正常値へ修正し、リスクの変動限界を超えないよう対処しています。筆者は、これを作業者のレジリエンス能力と呼び、作業では様々な変化があってもこの能力によって、大半の仕事はうまくいっています。

　しかし、図7-6-4「うまくいかなかった仕事」に示すように、変化によるリスク増大に気付かなかった場合やリスクを過小評価し変化を修正しなかった場合は、リスクの変動限界を超えて事故や災害に至ってしまいます。

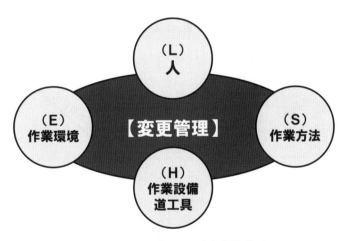

図7-6-2　作業の4要素と変更管理

〔うまくいった仕事〕

（ほとんどの仕事は作業要素の変化に対応しながら進められる）

　変更により、リスクの変動限界を超えてはならない。

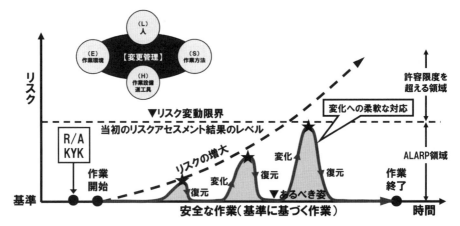

図7-6-3　うまくいった仕事

〔うまくいかなかった仕事〕

（作業要素の変動へ対応できず事故・災害が発生）

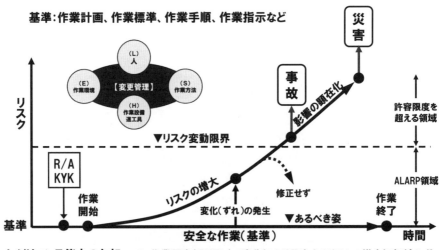

図7-6-4　うまくいかなかった仕事

● 第6項 ● 作業要素の変更（変化）によって多重防護に穴が開く

〔スイスチーズモデル〕

　前述した作業の4要素すなわち、人（L）、作業方法（S）、作業設備・道工具（H）、作業環境（E）のそれぞれを安全条件と考えて危険源と人との間に配置したものが以下に示すスイスチーズモデルです（**図7-6-5**）。オリジナルのスイスチーズモデルでは、スイスチーズに相当するものを防護あるいは防護層とよび、複数枚重ねたものを多重防護と呼んでいます（第2章第1節第1項参照）。

　それぞれの防護層を構成する作業要素が適切に管理されている場合は、防護層に穴が発生したり、穴が重なったりしないため、災害防止の機能が発揮されます。しかし、これらの安全条件の不適切な変更（人的要因による欠陥）があったり、管理的要因による欠陥が生じたりすると、各防護層に穴が発生し、あるタイミングでそれぞれの防護層にできた穴が一直線に並んでしまい、危険回避機能が低下して災害に至ります。したがって、災害を防止する上で作業要素の変更管理は極めて重要であり、日常作業の中で的確な管理基準を定めて、抜けのない変更管理をする必要があります。

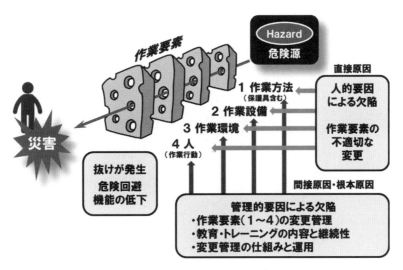

図7-6-5　スイスチーズモデル

● 第7項 ● 変更（変化）への対処を誤ると事故・災害が発生する

〔m-SHELLモデル〕

作業の4要素の変更（変化）への対処について前述（第2章第1節第3節）のm-SHELLモデルによって解説します（図7-6-6）。

このモデルは、作業要素をジグソーパズルのチップになぞらえて構成し、全体を制御するものとして楕円でマネジメントが配されています。

それぞれのチップの波型形状は、変更によって隣接する作業要素との間に隙間ができる様子を表現しています。

中央に置かれた作業者本人は、その周囲の作業条件の変化に合わせて行動をして隙間を埋めようとします（作業者が行動を変えて対処）。また、中央の作業者自身も変わるので、その周辺の作業要素を変えて隙間を埋めようとします。

実は、それぞれの変化への対応過程で事故や災害が発生する訳であり、マネジメントは、それぞれの対応が適切であるか否かを判断して中心の作業者とその他の作業要素のマッチングを取るのが変更管理です。

図7-6-6　m-SHELLモデル

● 第8項 ● 変更管理の対象とすべき事項

変更管理の対象は、設計や技術基準を含めると膨大なものになりますが、通常は、それぞれに関する技術基準によって管理されています。ここでは、変更が事故や労働災害に至りやすい現場作業に関わる変更に限定して、推奨される変更対象例を以下に示します。

① **作業方法・手順等に関する事項**

1. 確定施工要領書、作業手順書、作業指示書の記載内容
2. 工事スケジュール
3. 工事安全協議会や工程会議で決定した事項
   （混在作業調整結果や個別調整事項等）
4. 安全条件設定の範囲と内容、設定期間
5. 使用を義務づけた保護具の種類と使用条件
6. 客先から要請され、自社が承諾し、施工者に実施を求めている事項
7. 契約仕様書に記載されている工事条件・内容
8. その他、法令、客先基準、自社基準による規制事項

② **作業設備・道工具に関する事項**

1. 建設用重機の使用計画内容
2. 安全装置に関する変更（インターロック、安全センサー等）
3. 墜落制止用器具・親綱取り付け設備の構造や材質、寸法
4. 仮設足場の構造や設置期間、維持管理に関する事項
5. 仮設養生機材計画内容
6. 使用を予定していた道工具の種類・構造・寸法等
7. 大きな力を作用させる道具の設置構造に関する事項
   （ジャッキ等の設置位置と力の作用点の構造・強度等）

なお、法令で定められている監督行政への設置届や工事計画届に関する事項の変更は、届出案件別に個別管理を行う必要があります。

③ **作業環境条件に関する事項**

1. 天候条件（降雨量、降雪量、風速、気温、昼間・夜間等）
2. 温熱環境（暑い、寒い、湿度）

　　3．屋内作業、屋外作業

　　4．作業場所の照度（照度やまぶしさ）

　　5．作業環境測定結果への対応

　　　　（粉じん、臭気、酸欠等、有機溶剤、特定化学物質等）

　　6．騒音の程度（保護具や隔離）

　　7．作業場所の周辺環境（第三者の往来、混在作業等）

④　人に関する事項

　　1．工事会社の変更

　　2．作業者の変更（作業員名簿の変更）

　　3．免許、技能講習、特別教育等の資格保有者の変更

　　4．管理者、監督者、作業指揮者、監視人、見張り人の変更

　　5．勤務体制（昼間勤務、夜間勤務、交代勤務等）の変更

　　6．連続労働時間の変更（残業）

⑤　その他の事項

　　1．高齢労働者、女性労働者の配置変更

　　2．健康診断結果に対する要配慮者（高血圧他）

　　3．過重労働者の労働条件改善に関する事項

　　4．性格適性を考慮した適正配置

第7節 安全対策は、現場力によって機能する

● 第1項 ● 管理システムや作業標準は、使われないと機能しない

これまでに述べてきたことはすべて技術ベースの取り組みであって、安全な設備、安全な環境、安全な作業方法を提供するためにマネジメント主導で実施していくべきものです。

特に、リスクアセスメントの結果、リスクの低減措置として実施する安全対策の4階層による安全性向上効果を積み上げると**図7-7-1**のようなピラミッド構造として表現することができます。そして、このピラミッドの高さが、災害防止効果を表現していると考えると、本質安全化や工学的対策は「もの」に依存する対策であり、確実な効果が期待できます。一方、管理的対策や個人用保護具の使用は、人に依存する対策であり、その効果は流動的です。

特に管理的対策や保護具は作業者がきちんと使いこなさなければその効果は期待できず、逆にきちんと使いこなしてくれれば計画どおりの災害防止効果が期待できるようになります。

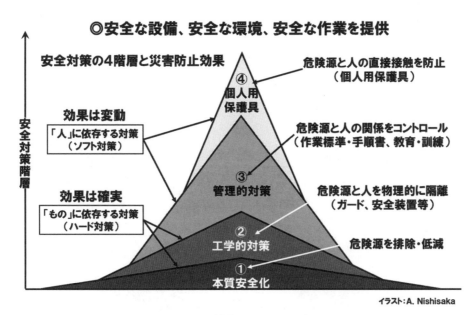

図7-7-1　技術ベースの取り組み

　すなわち、技術ベースの取り組みは、人に依存する部分において現場力の関与が必要です。

　図7-7-2の左側のピラミッドが、技術ベースの取り組みによる災害防止効果の山積みであり、安全対策の4階層それぞれの災害防止効果が最大限発揮されることを前提とした高さになっています。

　しかし、第3節「安全対策の優先順位と災害防止効果の考え方」で述べたとおり、それぞれの安全対策階層の内容に応じて災害防止効果が変動し、以下のように低下していきます。

① **本質安全化**

　災害防止効果の低下なし

② **工学的対策**

　設備の故障や設備の経年劣化等による災害防止効果の低下あり

③ **管理的対策**

　作業者のエラー、作業条件や環境の変化、教育・トレーニングの不足等による災害防止効果の低下あり

④ **個人用保護具の使用**

　作業者の不使用または誤った使用方法、保護具の劣化等による災害防止効果の低下あり

　図7-7-2の右側のピラミッドは、技術ベースの取り組みによる災害防止効果の不足分（**図7-7-2**中の残留分）と、前述の要因による災害防止効果の低下分を合わせてこれを行動ベースの取り組みによって補完し、目指す安全レベルに引き上げて行こうとするものです。

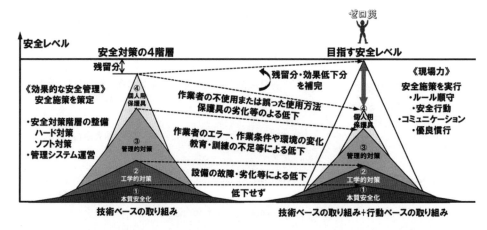

図7-7-2　「技術ベースの取り組み」と「行動ベースの取り組み」の一体運用

● 第2項 ● 安全対策は、現場力によって機能する

　技術ベースの取り組みは、第1節「リスクを下げ、安全性を高めるマネジメントの実践」で述べたとおり、表7-7-1に示す作業の4要素のうち特に①〜③は、経営資源の投入が必須な要素であるため、その代替を現場力に依存することなく、企業として第一優先で取り組んでいかなければならない分野です。

　しかし、どんなに立派な管理システムや作業標準を準備しても災害防止効果には限界があるとともに、管理施策としての安全対策①〜③がきちんと運用されない限り、期待どおりには機能しません。

　従って、安全対策①〜③をきちんと機能させるとともに、技術ベースの災害防止効果の不足分を補完するものが必要であり、それが『強い現場力』です。言い換えれば、技術ベースの取り組みで作り上げられた安全対策は、現場で働く人々（協力会社を含む）の積極的な関与と一人ひとりの安全な作業行動によってはじめて機能する訳です。

　現場力強化に直結する行動ベースの取り組みについては、次の第8章で詳しく解説します。

表7-7-1　安全対策は、現場力によって機能する

安全対策 技術ベースの取り組み（マネジメント力）	作業者の積極的関与 行動ベースの取り組み（現場力）
① 安全な作業設備、道工具 ・本質安全化　　　・道工具の安全化 ・機能安全化　　　・エルゴノミクス対策 ・ガードの設置	④ 安全な作業行動 ・ルール・作業手順の遵守 ・自立した安全行動 ・人への思いやり ・仕事への責任感と誇り
② 安全な作業環境 ・危険・有害要因の排除または低減 ・動力源の遮断とエネルギー解放 ・可動部の固定措置	⬆ 要件 良好なコミュニケーション チームワーク 緩やかな階層意識 高いモラルと職務規律 高い安全意識と危険感受性 継続的な教育・トレーニング
③ 安全な作業方法 ・危険作業の排除 ・危険作業の遠隔化 ・安全な作業手順化 ・エルゴノミクス対策 ・安全条件の整ったショップ作業の拡大	
効果的な運用（安全マネジメントシステム）	

第**8**章

安全に行動する人と職場をつくる
（行動ベースの取り組み）

第8章の概要

　本章では、「安全に行動する人と職場をつくる」というタイトルに表現したとおり、人と職場の意識と行動を変え、現場力を高めていくための「行動ベースの取り組み」について、「安全文化創生活動」によって具体化した基本的な考え方と具体的な取組み事例を紹介します。

　この「行動ベースの取り組み」は、安全文化を創り育てる基本体系の一翼を担う取り組みであり、従業員全員がそれぞれの役割に応じた「率先垂範」によって従業員の行動様式を「協調行動型」へと高めていくものです（図）。

【従来の安全活動との関係】

　「行動ベースの取り組み」に関する施策には、従来から日本の各事業場で実践してきた、いわゆる「日常的な安全活動」が数多く含まれますが、それらは「安全文化要素」を実践していく上での手段になるものとして、「安全文化」を高める上で重要なものであると筆者は考えています。

　したがって、安全文化を高める施策においては、従来からの活動を否定するものではありません。むしろ、「行動ベースの取り組み」では、これまでの安全活動を現場だけのローカルな活動にすることなく、これを組織的に支援して積極的に推進していくことになります。

【日本産業規格との関係】

　JISQ45100（労働安全衛生マネジメントシステム）においても日本独自の安全衛生活動が要求事項として組み込まれており、その重要性が本書の視点とも合致しています。

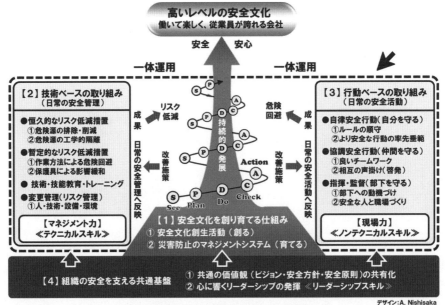

図　行動ベースの取り組みの位置づけ

**不安全な状況に妥協しない
人と職場づくり（現場力強化）**

● **第1項** ● **仲間の安全を思いやる職場**

　作業の実践面を担当する職場は、「与えられた仕事を最後まで正しくやりきる」ことが求められています。

　この正しくやりきるとは、作業標準や作業手順書などの当たり前のことを「決められた通り、毎回全員が実践する」という高い「職務規律」に基づいて、現場の一人ひとりが自ら考え、責任を持ってやり遂げることを意味しています。

　遠藤功著の『現場力を鍛える』（東洋経済新報 2004年発行）によれば、当たり前のことを当たり前のように実践して成果を出していく現場に共通するポイントを整理すると、次の5点に集約されるとしています。

　　1．結果を出すのは自分たちだという強い自負・誇り・当事者意識を現場が持っている。

　　2．現場が会社の戦略や方針を正しく理解・納得し、自分たちの役割をきちんと認識している。

　　3．結果を出すために、組織の壁を越えて結束・協力し、知恵を出し合う。

　　4．結果が出るまで努力を続け、決して諦めない。

　　5．結果を出しても奢らず、新たな目標に向かってチャレンジし続ける。

　これらの特徴は、「第4章　安全文化の概念」で紹介しました、以下の協調行動型の行動様式を持つ安全文化の特徴にも共通するところが多々あります。

　　1．作業チームには、スムーズな双方向のコミュニケーションがとられ、良好なチームワークができている。

　　2．従業員は、仲間同士の思いやりの心が定着し、共同作業者の不適切な行動に気付くと気軽に声をかけることができ、注意された共同作業者は、気持ちよく助言を受け入れることができる協調行動が浸透している。

　　3．従業員は、職場や仕事に対してプライドがあり、強い現場力の原動力になっている。

　　4．職場の全員に高い職務規律が定着し、責任感も強く、作業の改善意欲が高い。

　　5．管理者は、強い現場力をコーチングによってリードするとともに、適切な経営資源の投入によって職場の安全衛生活動をサポートしている。

　本章第1節のタイトルに取り上げた「不安全な状況に妥協しない人と職場づくり」とは、会社共通の価値観に基づいて物事を正しく判断し、与えられた仕事を正しくやりきることのできる力、すなわち「現場力」を強化する取り組みであり、その前提になるものが、互いの信頼感に基づく「仲間の安全を思いやる心」です。

　職場の全員が、「仲間の安全を思いやる心」を持つことによって、「相互声かけ」などの職場のコミュニケーションが活発になるとともに問題意識の共有化が進み、創意や工夫が次々と湧き出て職場が活性化していきます。そして、職場の活性化が仕事への役割意識や誇りを生み、当たり前のことをきちんとやりきることのできる強い現場力が形成されていきます。

　この強い現場力が、「行動ベースの取り組み」を推進する原動力になって、第7章で述べた技術ベースの取り組みで下げ切れなかった残留リスクに対して、職場の一人ひとりが不安全な状況に妥協することなく、積極的に安全な行動をすることによって危険を回避し、事故や災害を防止していきます。

　「技術ベースの取り組み」と「行動ベースの取り組み」を一体運用することによって、はじめて高いレベルの安全成績（事故ゼロ・災害ゼロ）が実現するとともに、安全文化要素が強化されて協調行動型の安全文化が組織に定着してきます（**図8-1-1**）。

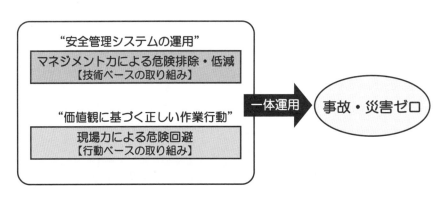

図8-1-1　マネジメント力と現場力の一体運用

● 第2項 ● 誰も見ていない時でも、安全に行動する

　安全文化の定義（第4章第1節第1項）で、「安全文化とは、誰も見ていない時でも、社長以下従業員の一人ひとりが、安全に行動することである」と紹介したように、従業員や組織の行動様式において、一人ひとりが『誰も見ていない時でも、安全に行動する』ことが、事故や災害のない安全文化の高い会社をつくるための必須の条件であると筆者は考えています。

　例えば、出先の工事現場で丸棒を短く切断する作業が発生した時に作業者がどのような行動をするか考えてみましょう。

　この作業者は、工事現場に研削用ディスクグラインダーしか持ってきていませんでしたので、周りに人がいない場所で**図8-1-2**のように研削用ディスクグラインダーを足で押さえて丸棒を切断しました。もちろん、作業者は研削用ディスクグラインダーを切断作業に使うことは禁止されていることを知っていました。しかし、人間は、誰しもルールを守って正しく行動すべきだという理性（建前）とともに、「楽をしたい」「面倒なことはやりたくない」という動物的な本能（本音）を持ち合わせているため、人に見られていないような時や場所では、本音が勝って不安全な行動をしてしまいがちです。そして、このような不安全行動は、回数を重ねているといつかは災害に至ってしまうものです（「第2章第1節第4項ハインリッヒモデル」参照）。

図8-1-2　電動工具の用途外作業

　この事例のような危険な行為は、災害に至る可能性が高いため、発見時には厳しい姿勢で対処しなければなりません。このような場合には、まず、ダメなことはダメという厳しい姿勢で臨むとともに、その行為をただ是正するだけにとどめず、その行為に至った理由をよく聞きだし、「なぜ」そのような行為がいけないことかの理由を言って聞かせるという安全行動への動機付けが大変重要です。そして、話して聞かせる中で作業者に考えさせ、「どうすべきか」を腹落ちさせて、次回からの安全な作業を約束してもらう取り組みを行います。

　また、このような現場での取り組みに加えて、これまでの好ましくない技能習慣をリセットし、正しい行動を習慣化するために、「正しい行動実践トレーニング（第8章第3節第8項参照）」や「危険体感トレーニング（第8章第3節第9項参照）」などを定期的に行うことによって危険感受性と安全意識を高める取り組みを行えば、より効果的な動機付けになります。このような取り組みを組織的に継続していくことにより「誰も見ていないときでも、安全に行動する」人や職場づくりの基礎が形成されていきます。

● 第3項 ● 決められたことを、決められた通り、毎回全員が実践

　製造業や建設業をはじめ、多くの業種で実施されている毎日の作業では、会社が作業標準や作業手順書を準備し、作業者は、作業手順書等で指示されたことを忠実に実践することにより、安全・品質・能率・コストが確保できる仕組みになっています。

　この仕組みの裏を返せば、その仕事には危害に遭うリスクが少なからず残っているので「作業手順書どおりに仕事をしなければ事故や災害に遭いますよ」ということを暗に言っていることになります。この考え方は、「第7章第2節リスクアセスメントと残留リスク」の第5項で多くの作業リスクはALARP領域にあるというところから導いています。

　すなわち、リスク低減措置として行う管理的対策としての作業手順書等は、リスク低減効果が低く、むしろ、その措置事項をきちんと実践することによって、リスクがある状況のもとで危害を回避する施策であると考えなければなりません。したがって、毎日の仕事の各場面において、作業者自身や職場の仲間が、「決められたことを、決められた通り、毎回全員が実践する」ことを律儀に継続することが作業の安全確保の前提になります。

　会社の仕事、とりわけ、補修工事や建設工事などの工事業務ではいろいろな制約条件によって、設備や作業の本質安全化や工学的な対策が行き届かないケースが多く、その場合、ルールや作業手順書を設定してその確実な実施を作業者に依存せざるを得ないのが実態ですので、なおのこと、一人ひとりがルールを守り、安全に行動する人と職場をつくっていくことが望まれます。

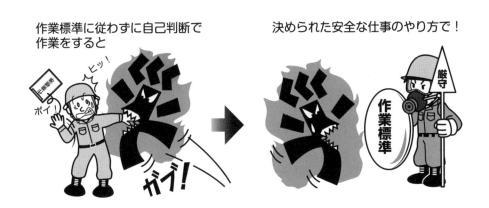

作業標準に従わずに自己判断で
作業をすると

決められた安全な仕事のやり方で！

コラム

【意外と人に見られている横断歩道の信号無視】

　横断歩道は、古代ローマの時代から道路の横断場所として存在していたようです。下の写真の左が現在の横断歩道、右がポンペイ遺跡に残る約2千年前のものです。

　当時の歩道は、石敷きの道路の中に飛び石のように配置されていて人はその上を歩いて渡り、荷馬車は石の隙間に車輪を通していたようですから、当然スピードも出せませんので、現代の路面表示だけの歩道よりもかえって安全かもしれませんね。

横浜公園の横断歩道

ポンペイ遺跡の横断歩道

　では、このコラムの本題に戻りましょう。街中の歩道で信号待ちをしていると、黄色信号で走りこむ人や赤信号なのに渡る人を時々見かけます。もしこの人が自分の上司であったら、あなたはどのように思うでしょうか。きっと、「なーんだ。会社じゃ立派なことを言っているけど、社外に出ると交通ルールも守れないんでは、たいした人物じゃないな。」と思って、以後信用しなくなってしまうでしょう。この事例のように、部下を持つ管理者は、常に誰かに見られていると思って、社内、社外関係なく、常に身を律しなければなりません。

　安全文化の高い会社の社員行動ルールに「人が見ていない時でも安全に行動する」また「決められたことを、決められた通り、毎回全員が実践する」というものがありますが、これは現場の人たちだけに求めるのではなく、まずは管理者が率先すべきことです。そうすれば、部下は上司を信頼し、部下も正しい行動をしてくれるようになるというものです。

第2節 ヒューマンファクターへの取り組み

● 第1項 ● 作業の構成要素と作業行動の関係を理解する

　心理学者クルト・レビン（Kurt Lewin 1890－1947）は、作業行動（Behavior）を内的要因と外的要因の関数式で説明しています（**図8-2-1**）。

　この関数式によれば、作業行動は、作業者の能力や気質だけで決まるものではなく、さまざまな外的要因の影響を受けて変動することが分かります。例えば、作業方法や作業環境が変わればその影響を受けて作業行動も変わってしまうということです。

　また、作業者自身の体調変化があった場合でも、それが作業に影響して作業行動が変わってしまいます。このように作業行動は作業要因の変動に応じて柔軟に対応しています（「m-SHELLモデル」第2章第1節第3項参照）。

　作業要因の変化への対応に成功すれば、S（安全衛生）、Q（品質）、D（工程・納期）、C（コスト・収益）の基準にすべて適合して満足な結果が得られます。逆に、変動への対応に失敗して、S・Q・D・Cのどれか一つでも満足できなければ不適合となり、不満な結果になってしまいます。従って、安全施策を考える場合は、レビンの法則をよく理解した上で、作業要因の変動をできる限り小さくするとともに、変動への適切な対応を考慮しなければなりません。

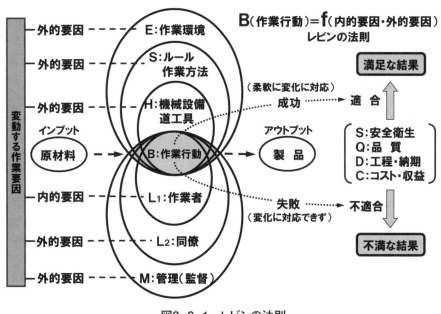

図8-2-1　レビンの法則

● 第2項 ● 人間行動の原理と12の心身機能の弱点を知る

　図8-2-2は人間行動の原理と行動に影響するものを整理したものです。

　場面把握の内容は、楕円の重なりで表現した作業要因を条件として認識されます。これらの条件をもとに「どう行動するか」の判断をしますが、判断の評価尺度が本人の持つ価値意識（内的基準）により行われるため、その判断結果は人それぞれ違います。

　例えば、上司が近くで見ているとルールを守る人が、上司が立ち去ると守らなくなってしまうのは、ルールよりも安易な方法を優先し、「叱られないためにルールを守る」という内的基準を持っているからです。一人ひとりの価値意識（内的基準）に基づく考えが、職場としてひとつの方向に向いて、誰もが安全行動につながる判断ができるようになるため、内的基準のあり方に問題意識を持ち、解決を図る考え方を持ってほしいものです。また、個人の価値意識は外的な影響を受けやすいもので、特に管理者の指導力が大きく影響します。

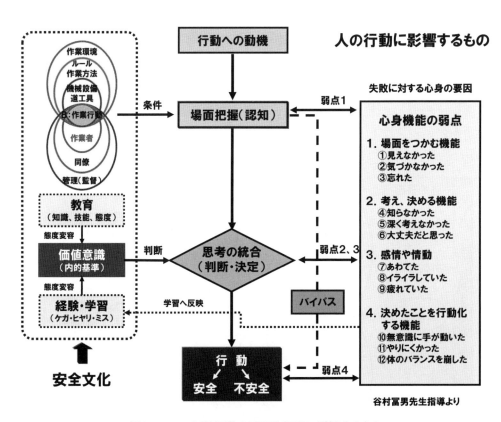

図8-2-2　人間行動の原理と行動に影響するもの

⑴　朝礼に遅れた佐藤君の行動事例

　ここではある日、寝坊をして遅刻をした佐藤君がどのような行動をするかを行動原理に従って考えてみましょう。佐藤君の職場は、うるさ型の田中職長を含めて5名の職場です。その職場では、毎朝いつも現場で朝礼を行うことが習慣になっています（図8-2-3）。

①　認知段階

　認知は五感を通じて行うもので、目や耳で既に朝礼が始まっていることを知ります。

②　判断（思考の統合）

　この段階では、入ってきた情報をもとに、どうするかを考えて決める段階です（また遅れた、やばい、叱られる、急がねば）。また、この段階では、感情などの影響も作用します（先週も遅れて職長に叱られた、何度も叱られたくない）。その結果、急いで走れ！　といった行動の指示が脳から身体に出されます（反復作業では、思考が省略される場合がある）。

③　行動

　指令を受けた身体は、走り始め、運悪く水たまりで滑って転び腰を打ってしまいました。

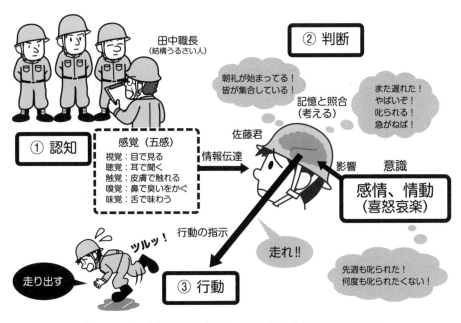

図8-2-3　人間行動の原理（朝礼に遅れた佐藤君の行動）

⑵　ヒューマンエラーの発生形態

　先ほどの事例のように、人の行動は、認知⇒判断（思考の統合）⇒行動というステップに従って進みますが、それぞれの段階でエラーが発生します。人間の行動原理におけるそれぞれの段階で発生するエラーは、ヒューマンエラーとも呼ばれるもので、その影響の結果として、災害や事故、ヒヤリ・ハットとして出現します。

　図8-2-4に示すグラフデータは、ある会社のヒヤリ・ハット事例を12の心の弱点について分析したものです。この分析結果により、エラーを起こしやすい人間行動の段階と、エラーが発生した時の人間の特性（心の弱点）の関係がよく分かるようになりました。エラー発生は、認知段階すなわち情報を取り入れる過程で全体の29％が発生し、次のステップである判断（思考の統合）の段階で、実に44％も発生しています。エラーによる不安全行動は、災害の遠因ともなるものであることから、災害を予防する観点から、エラーの発生しやすい段階を中心に心の弱点をカバーする対策を打つ必要があります。

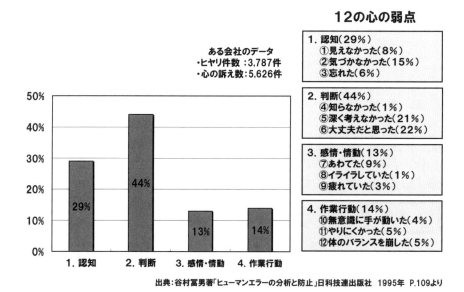

出典:谷村冨男著「ヒューマンエラーの分析と防止」日科技連出版社　1995年　P.109より

図8-2-4　12の心の弱点

● 第3項 ● 安全意識と危険感受性

(1) 安全意識とは(安全に行動しようと思う心)

　安全意識とは、常に自分や他の人の安全を気遣って、"より確かな安全を確保しよう"と考える心の働きをいいます。仮に、あなたが会社の先輩と待ち合わせをしていたとします。出発が遅れて、乗りたい電車に遅れるかもしれないという状況になっていました。平素は危ないからしないけど、このような時には駅や人混みの中を走ったり、危ない近道を選んだりしませんか？　たいがいの方はそのような経験があると思います。

　人間は自分の目先の目標を達成するためには、少々の危険を冒してでもやり遂げたいという強い意志が働きます。これは仕事でも同じことがいえます。安全意識は、このような危険な行動にブレーキをかけてその行動を思いとどまらせる、もうひとつの心の働きです。このような冒険は、何かの失敗（エラー）が重なるとけがをしやすくなるものです。

⑵　**危険感受性とは（危ないと思う気持ち）**

　危険感受性とは、何が危険か、どう行動すると危険な状態になるのかを直観的に把握し、けがをするリスクの大小を敏感に感じ取る能力をいいます。私たち人間は、幼児の頃から、また大人になってからも、いろいろな危ない経験をしたり、親や先輩からさまざまなことを学んだりして成長しています。そして、その経験が忘れることのない記憶となって身の回りの状況をみて危なさ加減を瞬時に見抜けるようになっています。

　この危ないと思う気持ちを「危険感受性」と呼びますが、人によってそれが敏感な人とそうでもない人（鈍感な人）がいます。危険に気付きにくい人は、結果的に災害にも遭いやすい傾向があり、災害に遭う前に何とか危険感受性を高めておく必要があります。筆者が勤務していた会社では「安全工事体感訓練センター」を新設し、また移動式の「安全工事体感トレーナー」も導入して、各事業所でも出前開催ができるようになっています。具体的な内容については、本章第3節第9項で事例紹介します。

③ 危険感受性と危険敢行性

　危ないと思う気持ち、すなわち危険感受性の向上を考える場合、人間の行動は、単純に「危険感受性」だけで決まるものではないため、「危険敢行性」の影響についても理解しておく必要があります。

　危険感受性が「どれくらい危険に敏感か」を示すのに対し、危険敢行性は「どれくらいの危険まで受け入れるか」を示しています。危険敢行性が高い人間は、危ないと感じても敢えてその危険を受け入れて行動する傾向が強く、逆に危険敢行性が低い人間は、危ないと感じた危険を避ける傾向が強くなります。この危険感受性と危険敢行性の組合せから、人間の行動は**図8-2-5**に示す４種のタイプに分類することができます。

Ａ）安全確保行動：危険感受性が高く、危険敢行性が低いタイプ。
　　危険を敏感に感じ、その危険をできるだけ回避する傾向が強い。

Ｂ）限定的安全確保行動：危険感受性、危険敢行性ともに低いタイプ。
　　危険に鈍感だが、基本的に危険を回避する傾向があるため結果として安全が確保される確率が高い。初心者に多い。通常では危険を免れ得るが、状況の危険に対応して回避している訳ではないため、特殊な危険事態や複雑な状況には対応しきれない。

Ｃ）意図的危険敢行行動：危険感受性、危険敢行性ともに高いタイプ。
　　危険を敏感に感じ取っていても敢えてその危険を避けようとせず、危険事態に入り込んでいく。

Ｄ）無意識的危険敢行行動：危険感受性が低く、危険敢行性が高いタイプ。
　　危険に対して鈍感であり、かつ危険を避けようとしない。

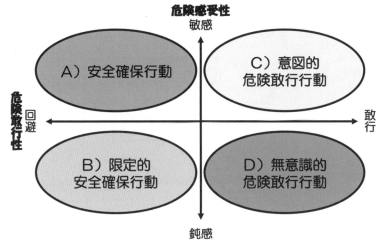

出典：蓮花一己　「交通危険学」啓正社を改変

図8-2-5　危険感受性と危険敢行性の関係

　A）のタイプは、いうまでもなく最も理想的です。　B）のタイプは、危険感受性を訓練によって向上できれば、大きな災害防止効果が期待できます。　C）のタイプは、単に危険を冒しやすい者だけではなく、現場を預かる監督者が「危険な作業であり部下にやらせると心配なので、熟練した自分が代わってやってしまう」といったようなケースがあり、監督者自身が被災する原因にもなっています。

　D）のタイプは、「新入社員によく見られるタイプで、やる気や前向きな姿勢はあるけれども、作業能力はまだまだ低い」といった者です。

　これらの4種の人間行動タイプを行動影響要因と行動原理を用いて「リスク回避（安全行動）」と「リスク・テイキング（危険敢行行動）」に至る経緯を表現すると、図8-2-6のように整理できます。

　リスクに気付く能力やリスクを評価する能力は、危険予知訓練や危険体感訓練等でその能力を高めることは可能です。しかし、気付いたリスクに対してそれを回避するか、あるいは敢えて危険を受け入れてリスクの高い行動をしてしまうかは、影響要因に示す「安全意識」「職場風土」「管理姿勢」「価値観」の良し悪しによって大きく影響を受けることになります。

　すなわち、「安全に行動しようと思う心が危険な行動にブレーキをかける」という「意思決定の拠り所」がリスクを回避させ、ルール違反や不安全行動すなわちリスク・テイキングを抑制する大きな力となります。この「リスク・テイキングを抑制する大きな力」が、会社全体に浸透した安全文化によって発揮されるものだといえます。

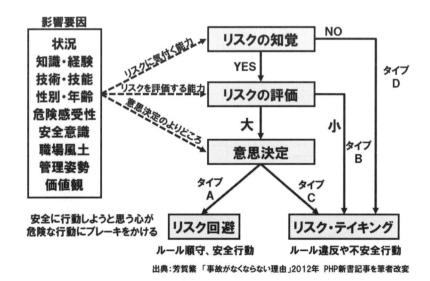

図8-2-6　リスク回避とリスク・テイキングに至る経緯

【釘ひとつ、拾う心に事故はなし】

　かつての全国安全週間行事として、安全標語の募集が行われ、そのとき「釘ひとつ、拾う心に事故はなし」という作品が入賞したことがあったそうです。

　釘が道に落ちていると、それを踏めば足に刺さるおそれがあります。しかし、それを拾って始末しようとする人はあまりいません。その結果、釘はそのまま放置され、やがてそれを踏んで痛い思いをする人が出てしまいます。「釘一本くらい」と軽く見ていると、リスクに対する感覚が次第に鈍っていき、重大なリスクまで見抜けなくなってしまいます。この標語は、こういった無関心を戒めるとともに、他人の安全を思いやる心の大切さを伝えています。

　災害のリスクには、大きな幅があります。たとえ、小さなリスクであってもそれを見過ごさない厳しさが求められているのです。この厳しさを支えるものが「人を思いやる心」なのでしょう。職場の一人ひとりがこの「人を思いやる心」を持つことによって、みんなで安全をつくり込むことになり、その職場の安全性は格段に向上してきます。

　逆に、「人を思いやる心」がなければ、どんなに立派な安全管理システムを導入しても十分には機能せず、また作業標準を整備しても完全実施には至りません。

　また、「人を思いやる心」は安全の原点でもあります。人がよって立つべき基盤はあくまでも職場で働く人たちが「互いの安全を守りあう」という崇高な人間愛でなければならないのです。

　安全は自分のためであり、また同時に仲間のためでもあります。仲間の安全を常に考えていれば、その仲間たちもまた他の人たちの安全を気遣ってくれてくれるようになります。つまり、自分が気付かなかったリスクに仲間が気付いてくれるのです。常に仲間の安全を考える。それを支えるものはあたたかい「人間愛」です。

　このような究極の姿を目指して取り組む活動が「安全文化創生活動」です。

第3節 個人の行動を変える取り組み

● 第1項 ● 人の意識を変え行動を変えるステップ
（大人のラーニングプロセス）

　アメリカの心理学者ポール・ハーシー他による著書『行動科学の展開』（日本生産性本部 1978年）によれば、人に起こる変容を4段階のレベルで捉えています。すなわち、知識（筆者追加：技能を加える）上の変化、態度上の変化、個人行動の変化、集団行動もしくは組織行動の変化です。これらの諸変化のそれぞれのレベルの変化を圧力や屈服を伴うことなく起こすのに必要な時間（筆者追加：育成時間）と相対的困難度（筆者追加：育成段階）を概念として示したのが**図8-3-1**です。

　知識と技能の変化が最も容易であり、態度上の変化がそれに続きます。しかし、知識教育や技能訓練で教えられたことが、すぐに実行に移されるかというと、なかなかそうはいきません。職場の上司がOJTなどで動機付けするステップを踏む必要があります。すなわち、教育や訓練で教えられたことを実践することが如何に大切なことか腹落ち（態度変容）しない限り、積極的な安全行動（行動変容）にはなりません。

　更に進めて、個人行動から集団行動あるいは組織行動へと移行していくためには、集団における価値観の共有化や安全文化の要素が必要であり、その実現には多くの時間と努力を要します。人の意識と行動を変える「人間行動への取り組み」は、職務規律や安全行動定着の重要な要素です。

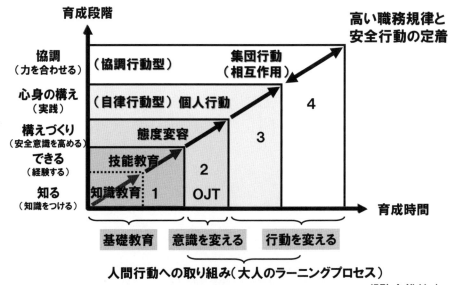

図8-3-1　育成段階と育成時間

● 第2項 ● 信頼感に基づくリーダーシップ

(1) 権限によらないリーダーシップ

　本書の第6章第4節においての経営者や管理者による「心に響くリーダーシップ」の重要性について紹介しましたので、ここでは一般従業員にまで対象を広げて解説します。

　JFEプラントエンジの安全文化創生活動では、経営者や管理者・監督者などの役職者だけにその発揮を期待するものではなく、多くの一般従業員にもそれぞれの立場でリーダーシップを発揮することを推奨してきました。そうすると、安全文化創生活動が進展するにともなって、職場では、同僚に積極的に声を掛けて危険を知らせたり、外れかかったピットカバーを自発的に直したりするなど、職場の一隅を照らすような模範行為が見られるようになっています。

　このような模範行為の率先垂範は、自らを磨くだけではなく、他の従業員にも好影響及ぼすものであり、権限によらないリーダーシップとも呼ばれています。そして、各人のリーダーシップの一つひとつは小さくても、それが組織の随所で行われるようになると、非常に大きな力となって現場力が強化され、組織全体に高いレベルの安全文化が定着してくるものと筆者は考えています（図8-3-2）。

　なお、その実現のためには、会社として、従業員がそれぞれの立場でリーダーシップを発揮することを奨励し、教育を行い、実施状況にも強い関心を示して称賛するなどの丁寧なバックアップが望まれます。

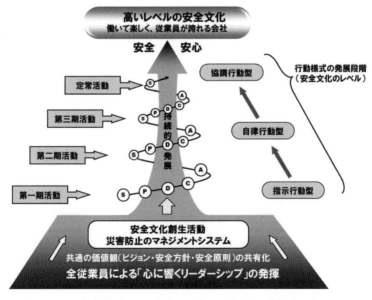

図8-3-2　全従業員による「心に響くリーダーシップ」の発揮

(2)　職場を預かる管理者・監督者によるリーダーシップ

　安全文化を創る上で職場を預かる管理者・監督者の資質要件として、部下から、「ウチのボスは、いつも私たちの安全のことを本気で考えてくれている」と思われていることが挙げられます。

　すなわち、この「心に響くリーダーシップ」は、自己評価ではなく、周りの人に感じられ、受け入れられることが大切です。そして、職場を預かる管理者や監督者は、「部下の心を響かせるにはどうすれば良いのか？」を考えることも重要になってきます。その基本は、管理者や監督者自身が安全に対する確固たる価値観（第6章第3節のビジョン・安全方針・安全原則を参照）と信念を持つことであり、それが管理者や監督者の日常の言葉や行動の端々に自然に出てきて、部下は上司の思いを感じ取ってくれるようになります。

　逆に、管理者や監督者が、安全衛生委員会などの公式な場でいくら良いことを言っていても、実際の言動や態度がそれと違っていれば、元の木阿弥となるのは、「無言の指示（第3章第3節第3項）のところで述べた通りです。

　「心に響くリーダーシップ」を発揮するということは、リーダーの安全に対する思いを部下の目線に合わせて積極的に表に出していくことであり、部下に対して、より多くの良い影響を与えるということです。そのためにも部下を持つリーダーは、「コミュニケーション」や「コーチング」、「マネジメント」などについてもしっかり勉強して身に付けていきたいものです。

　また、安全のみならず、リーダー自身が持つ人間性としての、自由、平等（公平）、人間尊重に対する考え方や態度などに基づく強い信頼感が、部下の心に響くリーダーシップの要素になっているものと筆者は考えています。

図8-3-3　心に響くリーダーシップ

コラム

【"急ぐな！ ゆっくりやれ"の一言】

　製鉄所にはその中心的な存在として鉄鉱石を溶解して銑鉄を取り出す溶鉱炉（高炉ともいう）という巨大な設備があります。

　この溶鉱炉には、高温の空気を炉内に吹き込むための羽口という銅製の水冷ノズルがたくさん設置されていますが、炉内の状況によってノズルが溶けて孔が開き、水漏れを起こすため高炉の操業を停止（休風という）して羽口の取替作業をせざるを得ない事態が発生します。そして、高炉が停止すると、製鉄所全体の生産計画が大幅に狂うことになり、その復旧作業は最短の時間で行わなければなりません。

　以下は、高炉の送風を止めて行う羽口取替作業時のエピソードです。

　復旧作業は、緊急の重要作業であり、工場長や保全室長も見守るなかで行われ、復旧作業に従事する作業者達は、かなりのプレッシャーを覚えながら作業をするため、現場は、殺気立った雰囲気になっていました。

　そのとき、その場にいた保全室長が、部下の作業者たちに向かって「急ぐな！ ゆっくりやれ！」と大声で声をかけたのです。そうするとそばにいた工場長が、「早く復旧しないといけないのに、ゆっくりやれとは、何事だ！」と声を荒げて保全室長に食ってかかったのです。

　それを聞いた保全室長は、「彼らはみんな私の部下だ。あんたの部下ではない！ 彼らの安全は私の責任だ」と一蹴したのです。

彼らの安全は
私の責任だ！

　高炉は製鉄所においては最もシンボル的な設備であり、誰一人その重要性を理解していない者はおらず、作業者はゆっくりやれ！　と言われても適当に作業することはありません。保全室長は、急ぎのあまり、周りが見えなくなっている作業者達を落ち着かせ、自分や仲間の安全にも気配りできるようにと「急ぐな！　ゆっくりやれ！」と言ったのでした。それは、あせって急ぐ部下を落ち着かせて、けがをさせないための究極の言葉だったのです。工場長と自分たちの上司である保全室長のやり取りをそばで聞いていた作業者たちは、きっと気持ちがスカッとしたことでしょう。その後、この保全室長は、製鉄所全体の安全を統括して安全レベルの向上に大きく貢献するとともに、筆者である私を含め、後進の育成にも尽力されました。

溶鉱炉（高炉）の構造と羽口の位置

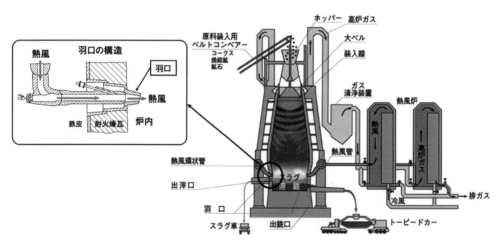

高炉挿絵出典：日本鉄鋼連盟『鉄のできるまで』より加工引用

　溶鉱炉（高炉）では、炉の上から鉄鉱石や焼結鉱がコークスとともに装入されます。そして炉の下方にある多くの羽口（はぐち）から1,200℃もの熱風を酸素とともに吹き込んで鉄鉱石を溶かします。炉の底では、鉄鉱石の不純物が上に浮かび、重い鉄分（銑鉄）は下にたまります。これを出銑口から取り出して、トーピードカーで次の製鋼工場へ送ります。

● 第3項 ● 命を大切にする気持ちを掘り起こす

　筆者は、本書の前書きでも紹介しましたとおり、長年鉄鋼業に籍を置き、仕事をしてきました。この度、本書の執筆に当たり、製鉄所の指導的立場にあった先輩たちが大きな災害の後に整理した言葉を振り返ってみますと、共通して出てくるものが「人の命の大切さ」です。

　ある工場長が部下の休業災害報告に行った際に、製鉄所長より叱責されたこと——。

　「戦争もない平和な日本で、幸せな家庭生活を営んでいる人を部下として預かっている以上、その部下に不注意があったとしても、お前は管理者として決してけがをさせてはならないのだ。災害を防げなかったとはとんでもないことだ。被災者をこれまでに育ててきたご両親に申し訳ないと思わないのか！」

　さらに、この工場長がその上位の部長になった後、社員の死亡災害が発生し、その社員の奥様から言われた一言——

　「いくら謝ってもらっても夫は返ってこない。夫を返してください」と言われ返す言葉もなく、泣く子供さんの声を聞き、耐えられなかった・・・。

　このような体験をした管理者は、そろって次のような決意をしています。

　①　どんなことがあっても、自分の部下にけがをさせてはならない。

　②　管理者は、法律上の管理責任はなくても、人を預かっている以上、社会的・人道上の責任がある。

　すなわち、これらの上位にある考え方は、人を愛することであり、これが安全の原点であることを意味しているのです。この安全の原点を、後付けの反省で終わらせることなく、平素の基本姿勢にしなければなりません。

　大切なことは、経営者や管理者だけでなく、従業員全員が、平素から「人の命を大切にする気持ち」を共有し、自分たちの仲間から災害に遭う人を絶対に出さないという強い信念を持って、みんなで互いの安全を気遣い合うことのできる職場や組織をつくっていくことです。

● 第4項 ● 　仕事への誇りを醸成

　仕事をどのように考えるかということについて、「3人のレンガ職人」の仕事への姿勢を題材にした寓話があります。

　世界中を回っている旅人が、ある町はずれの一本道を歩いていると、1人の男が道の脇で難しそうな顔をしてレンガを積んでいました。旅人は、その男のそばに立ち止まってたずねました。

　「ここでいったい何をしているのですか？」

　すると、男はこう答えました。

　「見ればわかるだろう。レンガ積みをしているのさ。毎日毎日、雨の日も強い風の日も、暑い日も寒い日も1日中レンガ積みだ。なんでオレはこんなことをしなければならないのか、まったくついてない。」

　旅人は、その男に「大変ですね」と慰めの言葉を残して歩き続けました。

　しばらく行くと、一生懸命レンガを積んでいる別の男に出会いました。しかし、その男は、先ほどの男ほどつらそうには見えませんでした。そこで、また旅人はたずねました。

　「ここでいったい何をしているのですか？」すると、男はこう答えました。「オレはね、ここで大きな壁を作っているんだよ。これがオレの仕事でね。」旅人は「それは大変ですね」と、いたわりの言葉をかけました。

　すると、意外な言葉が返ってきました。

　「なんてことはないよ。この仕事でオレは家族を養っているんだ。この仕事があ

るから家族全員が食べていけるのだから、大変だなんて言ったらバチが当たるよ。」

旅人は、その男に励ましの言葉を残して歩き続けました。

さらにもう少し歩くと、別の男がいきいきと楽しそうにレンガを積んでいました。

旅人は興味深くたずねました。

「ここでいったい何をしているのですか？」

すると、男は目を輝かせてこう答えました。

「ああ、オレたちのことかい？　オレたちは歴史に残る偉大な大聖堂をつくっているんだ。」

旅人は「それは大変ですね」と、いたわりの言葉をかけました。

すると男は、楽しそうにこう返してきました。

「とんでもない。ここで多くの人が祝福を受け、悲しみを払うんだ！　素晴らしいだろう！」

旅人は、その男にお礼の言葉を残して、元気いっぱいに歩き始めました。

人は、仕事に対してどんな目的や目標を持つかによって、仕事をする時の「わくわく感」や「情熱」などのモチベーションが全く違ってくるものです。

もしこの事例に登場した３人目のレンガ積み職人のように目を輝かせながら仕事をしてくれる部下を望むならば、一度、下記のように部下に質問してみるといいのかもしれません。

私たちは、何のために仕事をしているのでしょうか？

　　①　ただお金を稼ぐためですか？

　　②　家族を毎日養うためですか？

　　③　自分や家族の将来の夢を実現するためですか？

　　④　仕事を通じて社会に役立ちたいからですか？

どれも間違いではありませんが、あなたはどのタイプですか？　すなわち、同じ仕事でも、その目的や目標の持ち様によって仕事への思い入れは違ってくるということです。

１人の人間として将来の展望（ビジョン）や希望・夢の中に、どう今の仕事を位置づけて行くのかということを自ら考えてもらい、そして、気付くことによって、仕事への姿勢がかわり、自らの仕事に誇りを持ってくれるようになります。

⑴　仕事への誇りが安全行動を促進する

　立教大学現代心理学部教授（当時）の芳賀繁博士の著書『事故がなくならない理由』（PHP新書 2012年）によれば、仕事への誇り（職業的自尊心）が安全行動とどのような関係があるのかを調べる研究を進め、職業的自尊心と安全行動意図の関係を報告しています（同書P.205図９－９より）。

　この報告では、「職業的自尊心は仕事の技量を高めたいというタイプの業務意欲と安全態度を支え、ルールを破ってでも工程を守るというリスキーな行動を抑制し、さまざまな心理要素を介して安全行動意図にプラスの影響を与えていることが明らかになった。」としています。

　また、芳賀博士は、安全行動への動機の要因を次のように整理しています。

　　①　命を大切にする気持ち
　　②　仕事を大切にする気持ち
　　③　仲間に対する思いやり
　　④　上司や経営者への信頼
　　⑤　家族や親しい人への愛情

　芳賀博士の研究結果は、第４章の「安全文化の概念」で述べた安全文化の発展モデルにおける協調行動型の安全文化のレベルとも整合するものです。したがって、このような動機の要因をつくることこそが、本書の副題の「安全行動が自然にできる職場を目指す」ための鍵になるのではないでしょうか（**図8-3-4**）。

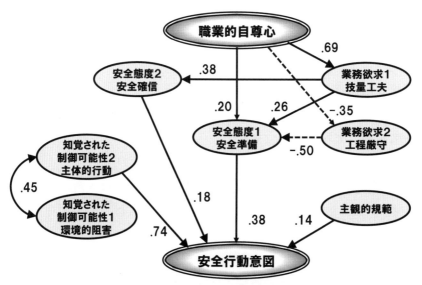

出典：芳賀　繁「事故がなくならない理由」2012年 PHP新書

図8-3-4　職業的自尊心と安全行動意図の相関

● 第5項 ● 安全対話 ～私生活での体験を考える～

　ここでいう安全対話とは、一般的に用いられる職場での対話ではなく、会社内で開催されるミーティング等の各種会合の冒頭で、私生活で自ら体験したヒヤリ・ハットの話題を第一人称で話すことです。

　この安全対話を職場の習慣にすることにより、自分の行動を意識するようになり、安全意識が向上して安全な行動を無意識に実行するようになるという効果が期待できます。以下に具体的な取り組みと事例を紹介します（出典：JFEプラントエンジ「安全対話マニュアル」より）。

■　なぜ、会合の冒頭に実施するのか？

　例えば、早朝に地震があった日の最初のミーティングでは「今朝の地震は大きかったね～」といった具合に会話が始まる。これはその時点で地震が一番の関心事だったから。したがって、従業員が自分たちの安全について常に強い関心と興味を持っていれば自然と安全の話が最初に出てくるはず。

　結果として、会社が「安全を最優先している」ということが従業員に浸透する。

■　なぜ、私生活の話題を話すのか？

　仕事上のヒヤリ・ハットは、公然とは話しにくい。私生活のヒヤリ・ハットは、自己責任の範囲であり、気軽に話しやすい。私生活の安全も会社の安全と同等に大切であることに気付かせる。

■　その体験事例の原因や対策について話が進めばベストだが、まずは輪番制でも良いから繰り返し実施して安全対話を習慣にすることが先決。

■　どのように実施するのか？

　方法はいたって簡単。私生活で街中や家庭内で起ったヒヤリ・ハットや失敗事例について感じたことを「ありのまま」に話してもらう・・・ただそれだけでよいのです。

【事例1】　シャープペンシルの先で指先を刺した話

　「先日、自宅でカバンの中に入れておいたシャープペンシルを取ろうと思い、右手でカバンの中をかき回して探していたところ、シャープペンシルの先で人差し指の爪の間を刺してしまいました。幸いにも深い傷ではありませんでしたが、しばらく痛い思いをしました。軽率さを反省しています。」

【事例2】　自宅の垣根を刈り込み中、脚立が傾いてとっさに飛び降りた話

　「昨日の日曜日、脚立を使って垣根を刈り込んでいたところ、またがって立っていた脚立の脚が地面にめり込んで傾き、びっくりして飛び降りました。幸いにも50cm位の高さでしたので事なきを得ましたが、もし高かったらと思うと冷や汗ものでした。」

■　ヒヤリ・ハット活動との共通点

- 第一人称（自分）で行動を見つめ、考え、反省し、新たな行動目標をつくっていくところに共通点がある。

■　ヒヤリ・ハット活動との相違点

- 「ヒヤリ・ハット活動」では業務上の出来事を話題にし、「安全対話」では私生活で体験したことを話題にするところ。
- 「安全対話」では誰もが気軽に話せることから、ミーティング等の雰囲気やコミュニケーションが格段に良くなってくる。

■　より効果的に継続するための秘訣

- 誰でも気軽に参加する（社長から一般従業員まで）。
- 全員参加を心がける。
- 内容を批判しない。
- 時間をかけない（会議やミーティングの冒頭 5 分程度）。
- 記録をとらない。

● 第 6 項 ● 　ヒヤリ・ハット活動　〜業務上の体験を考える〜

(1)　ヒヤリ・ハット報告の歴史

　ヒヤリ・ハットやヒヤリ体験報告などの用語が使われだしたのは昭和50（1975）年頃からです（谷村冨男著「ヒヤリ体験から学ぶ」）。ヒヤリ・ハット体験報告を別の言葉で言えば、「不安全行動によるヒヤリ体験の報告」を意味します。この不安全行動を“どうすれば防げるか？”についてはずいぶん昔から研究対象になって科学的な取り組みがされてきました。その主な分野は、人間工学（Human Factor Engineering）や行動科学（Behavioral Science）です。

　「人間工学」では人間の保有する能力や作業動作の特性とその弱点を知り、それを配慮した機械設備や作業環境の整備、改善、作業方法の見直しに役立てています。

　「行動科学」では人間の作業行動を専門分野ごとに研究し、個人あるいは組織集団を対象に不安全行動の発生要因分析からその予防に役立たせています。

　いずれにしても、不安全行動の防止の研究は人を対象とするため、作業者一人ひとりが持つ能力や気質、性格、体力、健康度に加えて作業に必要な知識、技能、態度振舞いを知る必要に迫られました。そのため、人間工学や行動科学的な立場からの調査研究が専門家により行われ、企業で活用され、ヒヤリ・ハット報告が管理者からみて不安全行動防止の資料として欠かすことのできない臨床的なカルテになっています。

　ヒヤリ・ハット報告の原型は昭和35（1960）年頃にできていましたが、そのころの報

告は、"どのようにして不安全行動をしたのか"の一言であり、赤チンや絆創膏を使ったものは、必ず報告することにしたものでした。しかし、わざわざ恥をかいてまで不安全行動の報告をする必要があるかと作業者の反発をかい、報告数も少ないものでした。

当時は報告に対し、突っ込んだ安全工学的な分析や行動科学的な分析はなく、その管理的対策は指導的なものが多く、その例は

- 本人の不注意をなくすよう気をつけさせる
- 作業標準を守らせるよう指導する
- 保護めがねを着用するように厳しく指導する

などでした。

ヒヤリ・ハット報告と名称を変え、普及した理由は、

- 報告を出しやすくするため不安全行動報告をヒヤリ・ハット報告にしたこと
- 行動科学的な考えが普及するに従い、トラウマ（Trauma）を不安全行動に取り入れられるようになったこと

などであり、これが不安全行動分析に深みを増したのです。トラウマとは、心的外傷のことをいい、心理的なショックや体験であり、そのようなヒヤリとした、ハットした恐怖体験を不安全行動の範疇に取り入れたことが、報告者（作業者）の共感を呼ぶことになりました。同時に不安全行動の扱い方に心理的要素が加わって、その内容分析が行われるようになってきました。

⑵　ヒヤリ・ハット報告の問題点

ヒヤリ・ハット報告を活動として取り組むと最初のうちは盛況であってもしばらくすると先細りとなって管理者を悩ませることになります。その主な問題点を挙げると次のようになります。

A. 作業者（報告者）の問題

①　作業者自身がヒヤリ体験に問題意識を持とうとしない。

②　報告書の字を書くことに拒否感を持ち報告書を書きたがらない。

③　自分の不安全行動の報告は自分のプライドを傷つける。これは特に高齢者や熟練者に多い。

④　報告書を提出する際、上司から文句を言われるので嫌だ。

⑤　もし報告書を提出しても、上司はよき理解者なりよき助言者になってくれない。

⑥　報告書が出しっぱなしで、張り合いがない。

B. 監督者の問題

① 監督者自身がヒヤリ報告に馴染めない。ヒヤリ・ハット報告が多く出ることが監督の不行き届きに思われてならない。

② ヒヤリ・ハット報告制度の主旨がよく理解できておらず、PRもできない。

③ ヒヤリ・ハット報告に対して報告書の診断や助言、指導がよくできない。

C. 管理者の問題

① ヒヤリ・ハット報告制度のマニュアルが整っていない。

② ヒヤリ・ハット報告を生かすような管理活動がシステム化していない。

③ ヒヤリ・ハット報告の様式への記載が煩雑であったり、本人の反省材料、上司の指導材料になるように構成されたりしていない（様式の欠陥）。

④ ヒヤリ・ハット報告の生かし方としての分析診断方法、対策方法がまだ確立されていない。

⑤ ヒヤリ・ハット報告が出させても、活用方法が不十分で未消化のまま放置されている。

⑥ 積極的によくやっている職場と活動の消極的な職場との差がますます大きくなった。

おそらく、読者の会社でもこれらの問題のうち幾つかが該当していると思いますので、次の2つの視点について対応案を記載します。

① ヒヤリ・ハット報告を"何に"活用するのか

② 安全管理システム上のヒヤリ・ハット報告の位置づけ

現場の人たちにヒヤリ・ハット報告をしてもらう目的は**図8-3-5**に示す2つの目的があります。

1. ヒヤリ・ハット事例を教材として生かし、職場の全員で考え、何がまずかったのか、どうすれば良かったのかなどのディスカッションを行い、新たな行動目標を設定して、日々の実践で行動改善していくもので、職場中心の取り組みとなるもの。

2. 提出されたヒヤリ・ハット報告情報を調査して、情報としてこれらをデータ化し、再発防止対策に生かすもので管理者中心の取り組みとなるもの。

図8-3-5　ヒヤリ・ハット報告の2つの目的

　特に、自分たちの職場で発生したヒヤリ・ハットは、その内容が時間の経過とともに忘れ去られてしまうため、その日の終業ミーティング等の席上で報告し、みんなで話し合って反省点を発見し、明日の行動目標に反映することを習慣化するとよいでしょう（図8-3-6）。

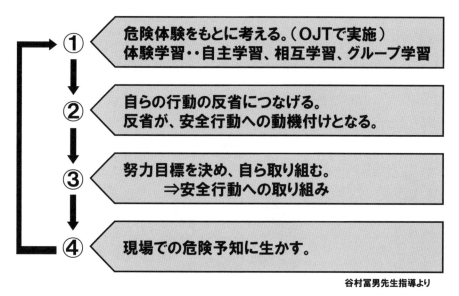

谷村冨男先生指導より

図8-3-6　体験学習のサイクル化

　このような取り組みを「体験学習のサイクル化」といい、作業者が自ら考え反省し、自ら危険に気付き、問題意識を持たせる取り組みであり、これが平素の安全行動への動機付けとなり、「態度変容」を起こすものとなります。

　すなわち、自分たちが考えて、自分たちで決めた行動目標は守られやすいが、管理主導のルールの強制では、「態度変容」は起こらず、管理者がその場にいる時しか安全な行動をしてくれません。

● 第7項 ● 　人の安全を思いやる相互注意（相互声かけ）

　仕事に熱中していたり、うっかり思い込んでしまうと、周りの危険にも気づかなかったり、ついつい無理な行動をすることがよくあります。このようなときに、周りの者がちょっと声をかけて気づかせることによって災害を防止することができます。

　たとえば、ハンマーを振るときに周りの作業者に「これからハンマーを振るからその場所から離れてくれないか」と声をかけて退避を促すのも人の安全を思いやる相互注意です。

　また、重い油圧シリンダーを無理して手で運ぼうとしている者がいれば、手押し車を持ってきて「腰を痛めるからこの台車を使いなさい」と言って、無理な運搬作業をやめさせるのも人の安全を思いやる相互注意です。

　玉掛け作業中に、玉掛けワイヤーを手で握ったままワイヤーを緊張させているところを見つけて、「ちょっと待て！」と注意して巻上げを止めさせることも人の安全を思いやる相互注意です。

　相互注意（相互声かけ）は、人の安全を思いやる究極の取り組みですが、一朝にしてできるものではありません。相互注意を職場に定着させるためには、仲間同士が気軽に声をかけられ、気持ちよく受け入れられる、そのような雰囲気を持った安全意識の高い職場を作っていく必要があります。このような職場づくりを経営者や管理者が推奨し、バックアップしていくことによって、この取り組みの重要性が腹落ちし、実践度が高まります。

コラム

【心に染みた女性清掃員のひとこと】

　筆者が、東京安全衛生教育センターにてRST講座※の講師を泊り込みで担当した時のエピソードです。

　私は、教育センターの食堂で朝食を済ませ、いつもの習慣で歯を磨こうとトイレの洗面台に行った時、まだ時間が早かったので一人の女性清掃員の方が掃除をされていました。私が「おはようございます！」と挨拶して洗面台の前に立とうとしたとき、その方から「おはようございます。先生、床が濡れているので滑らないよう気をつけてくださいね。」と声をかけられました。私は、まさかそのような声が返ってくるとは予想していなかったので、「あ、ありがとうございます！」と咄嗟に答えていました。

　私は、その女性清掃員の方とは安全のお話をしたことがありませんでしたが、ごく自然な声掛けでしたので、「あっ、この人すごいな。安全でいう「相互注意」が自然体でできている！」と感心した次第です。

　ちなみに、この清掃チームの皆さんが毎朝大変きれいに掃除をしてくれるおかげで、受講生の皆さんと共に、毎日気持ちよく使わせていただいております。

※RST講座とは、労働安全衛生法で規定されている職長教育のためのトレーナー（講師）を養成する5日間の教育コースをいいます。

● 第8項 ●　正しい行動実践トレーニング

(1)　修理作業における安全と技能

　生産設備を修理する場合は、安全確保のためにその運転を停止し、修理中に機械が絶対に動かないよう、客先の運転担当者および設備担当者、施工担当者の立ち会い確認のもとで、各種動力源や操作回路の遮断、油空圧設備の残圧開放等の「修理条件設定（二重切り）」を実施し、確実な運転操作禁止処置を行います。

　また、動力源の遮断に伴い、機械の自重や外力で動く可能性のある部分は、吊る・受ける・支える等による機械的な固定措置を併せて実施します。

　生産設備の修理作業は、作業計画に基づいて「安全施工一日サイクル」の手順に従い実施しますが、高所作業や重量物の玉掛け作業、道工具の取り扱い作業など、作業者が危険源に接近する機会が多いため、安全知識はもとより、修理作業に必要な「技能」を正しく修得した施工者が行わなければ安全な仕事はできません。

　JFEプラントエンジでは、過去の災害を分析した結果、高所作業、玉掛け作業、条件設定作業、道工具使用作業の各作業において、正しい行動が実践されていたら、7割以上の災害が防止できていた可能性が高いことが判明しています。そのため従来から、行動に関する災害を抑止するために、ルールを取り決め、ルール順守のための教育を進めてきましたが、現場作業における行動改善には、あまり効果的ではありませんでした。

　そこで、より効果的な取り組みとして、現場第一線の作業者が、作業中、いつでも、どこでも、正しい行動を実践してもらえるようにするため、従来からのルール中心の教育を改め、「なぜルールを守る必要があるのか」「なぜ正しい行動をする必要があるのか」「やらなければどうなるのか」という態度変容のための動機付けの要素と行動変容を促す技能トレーニングの要素を組み合わせた、「正しい行動実践トレーニング」を開発しました。

(2)　技能とは

　「技術」は、目的を達成するために組み立てられた最適な知識体系とされ、これは言葉により客観的に表現できますが、「技能」は、技術が個人の能力として身についたもので、技術を実行する能力とされ、これを言葉で客観的に表現することは、なかなか困難なものです。

　例えば、身近な例として、ゴルフのドライバーショットについて考えてみましょう。初心者が入門書をよく読んで、高価な道具を買っていざボールを打ってみると大きく曲がってしまい、なかなか思うようにはボールは飛んでくれません。たくさんの

ボールを打ち、考え、悩みそしてコーチのヒントにひらめいて初めて満足のいくショットができるようになるものです。

このように、あらゆる技能は、正しい知識や経験に基づいた理論をもとに、繰り返し、繰り返し地道にトレーニングすることによってのみ身につくものです。しかし、人が体を動かす能力は、一人ひとりに個性があり、そのフォームにも知らず知らずの間に悪い癖がつきやすいものです。作業技能における身体の構えや動作に悪い癖をつけてしまうと、事故やけがの原因になってしまいますので、定期的にリセットする必要があります。

JFEプラントエンジには、社員が入社した段階から技能教育体系に従って教育・トレーニングを実施し、技能レベルを向上させていくシステムがありますが、会社の作業特性上、特に事故や災害につながりやすい技能について、技能教育体系とは別メニューで「正しい行動実践トレーニング」を定期的（標準1回/年）に行い、作業技能における身体の構えや動作の悪い癖をリセットする取り組みを行っています。

(3) 正しい行動実践トレーニング

現在実施している「正しい行動実践トレーニング」は、高所作業、玉掛け作業、条件設定作業、道工具使用作業の4種類の作業形態をトレーニングの対象にしています。

「正しい行動実践トレーニング」の基本的な進め方は、次の手順に沿って実施します。

① 座学

それぞれの作業形態別に正しい作業行動の仕方を学習するとともに、会社で発生した作業形態別災害の挿絵をベースに、どうすればよいかを参加者全員で考え、ディスカッションし、行動目標を決めて全員が実行を約束する。実践トレーニング指導員の下で実技トレーニングし、正しい作業行動を再確認する。

② 反省・評価

実技トレーニングを通じて、指導員や他の参加者に自分の癖や弱点を評価してもらう。

③ フォロー

自分の弱点を知り、実作業に反映し、正しい作業を習慣化して安全施工一日サイ

クルに乗せていく。

④　職場に戻り、正しい作業の実践

このサイクルを、原則年1回の周期で繰り返し実施していきます。

図8-3-7は、「玉掛け作業」を例に「正しい行動実践トレーニング」のステップを示したものです。

図8-3-8は、玉掛け作業の基本ステップを示したもので、実践段階ではステップごとの安全注意事項や各ステップにおける当社の災害事例を解説して、そのポイントを習得できるよう技能トレーニングに反映しています。

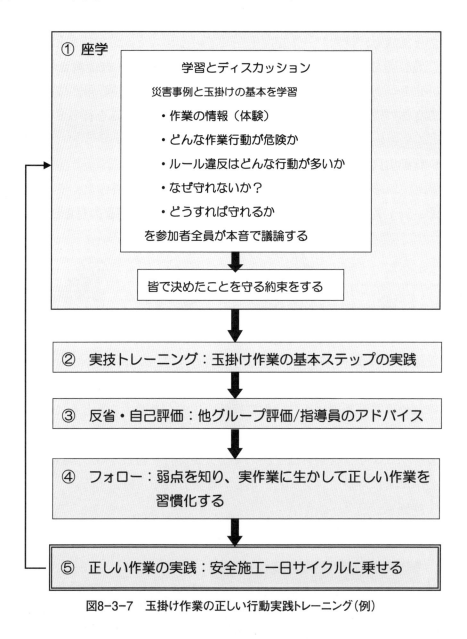

図8-3-7　玉掛け作業の正しい行動実践トレーニング(例)

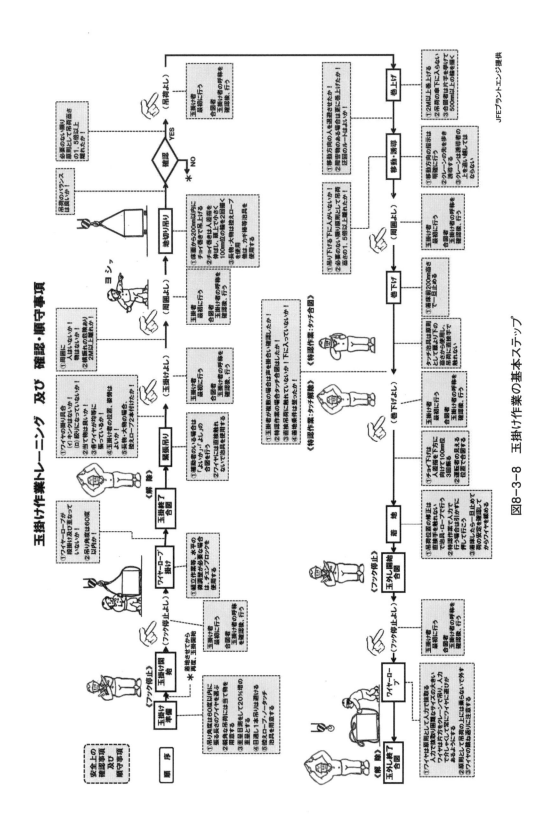

図8-3-8 玉掛け作業の基本ステップ

JFEプラントエンジ提供

185

● 第9項 ● 　危険体感トレーニング

　災害が減少している現在においては、災害経験者や先輩からの伝承が希薄になっているため、入社5年未満の若年作業者を中心に擬似的に再現した危険を体感することにより、「危険感受性」を向上させることが必要です。その重要性を認識して、日本国内では危険体感施設を自前でつくる企業も増えてきました。

　本書ではJFEプラントエンジが2015年10月より「安全工事体感訓練センター」を神奈川県川崎市の自社工場内に開設して自社従業員や協力会社をはじめ、一般企業の方々にも安全ビジネスの一環として開放して実施している4ステップアプローチの事例を紹介します。

　ここでは工事現場での作業を再現して、安全工事体感訓練の4ステップに従って作業に潜む危険を体感、災害の怖さを実感して安全意識と危険感受性を高めるとともに、実際に作業してみることで、正しく安全な行動を身につけていきます。

写真8-3-1　安全工事体感訓練センター：床面積570㎡

＊【参考情報】

○下記ＵＲＬより詳細を確認することができます。

　https://www.jfe-planteng.co.jp/company/safety/

○第75回全国産業安全衛生大会の研究発表集（中央労働災害防止協会発行　2015年　P.441 〜 P.443）に発表事例が掲載されています。

（1）訓練のメニュー

　同訓練センターで体感できる訓練メニュー（**表8-3-1**）は、JFEプラントエンジが行う工事途上で発生した災害事例を分析した結果より、①災害の多い作業、②災害件数としては多くないが、起きると重大災害になりやすい作業、③火災の原因となった作業から選定したもので構成されています。

表8-3-1　訓練メニュー例

条件設定不備挟まれ体感（VR）	残圧噴き出し体感	手押し車負荷体感
グラインダー砥石破損体感（VR）	溶接迷走電流体感	ハンドパレット挟まれ体感
グラインダー弾かれ体感	有機溶剤燃焼爆発体感	クレーン転倒体感
墜落・衝撃・ぶら下がり体感	マグネットボール盤巻込まれ体感	踏み抜き・墜落防止体感（VR）
ジャッキ飛散体感	溶接ヒューム体感	重量物目測体感
VRとは、バーチャルリアリティー技術を使った仮想体験施設をいう		

　体感訓練は、これらの訓練メニューをA、B、Cの3つのコースに分けて、コースごとに3時間、受講定員最大12名として実施しています。
　また、関東以外の遠隔地の顧客敷地内でも訓練センター同様の体感訓練ができるよう、訓練設備をトレーラーに積載した「安全工事体感トレーナー（**図8-3-9**)」も準備しています。

図8-3-9　安全工事体感トレーナー（移動式訓練施設）

⑵　安全工事体感訓練の４STEP

　体感訓練は、危険の怖さを体感するだけでなく、正しい作業を納得し、身体に染みこませる訓練として、以下の４ステップで進めています（**図8-3-10、11**）。

災害事例の紹介。災害事例を知ることにより訓練の重要性を再確認。

災害事例をモデルに再現。聴覚、視覚、衝撃を体感。ヘッドマウントディスプレイ使用によるバーチャルリアリティ技術を活用した体感訓練メニューも実施。

正しい道工具、保護具、作業方法を学ぶ。作業準備、ルール、訓練テキスト、伝承ノウハウなどから紹介。

正しい道工具、保護具、姿勢で実際の正しい作業を体感。

出典：JFEプラントエンジパンフレットより

図8-3-10　安全工事体感訓練の4STEP

体感訓練は、本来危険な作業ですが、受講生の安全を第一に考えた安全性の高い訓練施設を開発し、以下のイメージの施設を準備しています。

玉掛不備挟まれ、墜落・衝撃・ぶら下がり体感

グラインダ砥石破損体感
VR（バーチャルリアルティー）による疑似体験

油圧ジャッキ飛散体感

油圧残圧噴出し体感

踏み抜き・墜落体感

手押台車負荷体感

マグネットボール盤巻込まれ体感

重量物目測体感

イラスト：JFEプラントエンジ提供

図8-3-11　各種の安全工事体感訓練施設

● 第10項 ● 災害事例に学ぶ（類似災害検討）

⑴ 本気で災害事例に学んできたのであろうか？

　私たちは、これまでに数多くの災害を経験してきました。そして、その災害からいろいろなことを学び、同様の災害が再発しないように対策を打ってきました（対策を打った気になっていたという表現の方が正しいかもしれません）。

　しかしながら、現在に至っても同種の災害が根絶できていません。しかも、日本の多くの企業が真剣に安全衛生活動に取り組んできたにもかかわらずです。

　その理由を一言でいえば、原因究明に基づく対策のとり方が間違っているからです。災害には必ず原因があります。原因究明を進めると、災害に至った直接要因から災害に至るまでに直接要因を作り出した背景要因が芋づるのように連なって特定されていきます。そして、最後にその災害の根源となった根本原因に行き着きます。本気で災害事例に学ぶということは、徹底した原因究明を行い、根本原因を解消するために信頼性の高い対策を打つことです。

　それでは、具体的にどのように災害事例を学べばよいかを次に紹介します。

⑵ 災害事例をどのように学べばよいのか？

　災害事例から何を学ぶかは、学ぼうとする者の役割に応じて学ぶ内容が違うことを理解する必要があります。

① 安全管理者のレベル

　安全衛生管理システムを運用する責任のある安全管理者の場合は、根本原因まで究明し、多くの根本原因の根源である管理システムの欠陥を特定し、その欠陥の改善に役立てます（第7章第3節「安全対策の優先順位と災害防止効果の考え方」参照）。

② 現場監督者のレベル

　部下を預かり、職場を運営し、日々の作業を監督指揮する責任のある現場監督者の場合は、社内規程等で定められた職責や職長の12の職務について不足点を特定し、その職務の能力向上に役立てます。

③ 作業者のレベル

　作業現場で働く作業者の場合は、日々実施している自分たちの作業に直接的に関係のある直接要因や災害に至った直近の背景等を学んで、日々の危険予知活動や作業行動に反映して生かします。

　以下に、朝のミーティング等で災害事例を紹介する際の要点を紹介します。

１）災害ニュースの活用法

　ア　ちょっとした油断や不安全行動、ヒューマンエラーが災害や事故につながるこ

とを、災害ニュース事例を用いて印象付けると効果的です。

イ　災害や事故への恐れを忘れさせないよう、危ないと思う気持ちを持続するため、解説は1回だけで済ませず、繰り返すことが必要です（重要なことは、耳にたこができるくらいに）。

2）災害ニュースの知らせ方

　作業者に対して災害情報を知らせようと、災害ニュースを職場の掲示板に貼り出したり、回覧したりしても、あまり見てくれません。視覚的に記憶にとどまりやすいものが現場向きであり、次の4点に留意して取り組むと作業者の関心を引き出せます。

ア　災害発生状況は、挿絵または写真で記憶に残りやすく「いつ、どこで、誰が、なぜ、何を、どのように」を自分たちの現場の問題と関連づけて、教訓になるように伝え、"どうしたらよいか"を話す（会社独自に設定した「安全基本行動」等と対比して話すとなお良い）。

イ　解説文章は、極力短く、箇条書きで、要点のみ表現する。

ウ　資料は、用紙1枚にまとめる（類災検討には災害報告書を添付）。

エ　分類は、要素作業別に体系化すると活用しやすい。

　例）グラインダー災害、ハンマー災害、玉掛け災害等

● 第11項 ● 危険予知訓練（KYT）と３つの能力

(1) 危険予知訓練

危険予知訓練は、作業や職場に潜む危険・有害要因を発見し解決する能力を高める手法です。ローマ字のKYTは、危険のK、予知のY、訓練（トレーニング）のTをとったものです。

危険予知訓練は、もともと鉄鋼業の旧住友金属工業で開発されたもので、中央労働災害防止協会が職場のさまざまな問題を解決するための手法である問題解決４ラウンド法と結びつけ、さらにその後、旧国鉄の伝統的な安全確認手法である指差し呼称を組み合わせた「KYT４ラウンド法」としたものが標準とされています。

KYTの基礎手法である「KYT基礎４ラウンド法」による危険予知訓練の進め方は、**表8-3-2**のとおりです。

表8-3-2　危険予知訓練の進め方

ラウンド	危険予知訓練の ４ラウンド	危険予知訓練の進め方
１R	どんな危険が潜んでいるか	イラストシートの状況の中に潜む危険を発見し、危険要因とその要因がひきおこす現象を想定して出し合い、チームのみんなで共有する。
２R	これが危険のポイントだ	発見した危険のうち、これが重要だと思われる危険を把握して○印、さらにみんなの合意でしぼりこみ、◎印とアンダーラインをつけ「危険のポイント」とし、指差し唱和で確認する。
３R	あなたならどうする	◎印をつけた危険のポイントを解決するにはどうしたらよいかを考え、具体的な対策案を出し合う。
４R	私達はこうする	対策の中からみんなの合意でしぼりこみ、※印をつけ「重点実施項目」とし、それを実践するための「チーム行動目標」を設定し、指差し唱和で確認する。

『危険予知活動トレーナー必携』（中央労働災害防止協会）より

⑵ 危険予知に必要な3つの能力

　危険予知訓練（KYT）では、5、6人のチームで**図8-3-12**に示すような作業の一場面を示す挿絵を見ながらメンバーは、気付いた危険を「〜なので、〜して（危険要因）、〜になる（事故の型）」といった具合に、どんな危険が潜んでいるかを見つけ出し（1R）、みんなの合意で、「対策に緊急を要するもの、重大事故となる可能性のあるもの（危険のポイント）」を絞り込んでいきます（2R）。

状況：あなたは、外部非常階段の扉の塗装を行うため、ペーパーがけをしている

図8-3-12　訓練シート

　この際必要な危険予知能力は、作業に潜む危険要因に的確に気付く能力といえますが、誰でも同じようなレベルで気付くことができるものではありません。**図8-3-13**に示すように、危険予知は①作業手順を読む、②作業手順ごとの作業場面を読む、③それぞれの作業場面に潜む危険を読む、という「3つの能力」によって構成されています。

　これらの危険予知に必要な能力は、作業経験による個人差が大きく、作業経験の少ない新人や配転者だけでは適切な危険予知ができず、災害予防の効果は低いものになりがちです。しかしながら、退職等でベテラン層が少なくなった現在では、経験だけに頼れませんので、KYTとともに、事前に作業ステップごとの急所を含めた作業手順書作成と作業ステップごとに挿絵等による作業場面の見える化を図る等により、作業チームを支援し、災害防止効果を高める必要があることを忘れてはなりません。

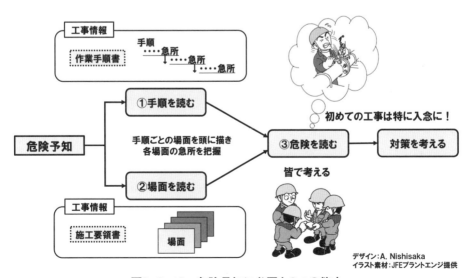

図8-3-13　危険予知に必要な3つの能力

コラム

【お父さん、危険予知が足りないよ！】

　筆者が、自宅の台所で、どこのご家庭にもある、いわゆる万能包丁を使ってりんごの皮をむいていた時のエピソードを紹介します。

　家族でりんごを食べようということになり、いつもは妻がむいてくれたものを筆者は食べる役回りだったのですが、たまたま筆者が台所に居たため、妻より「お父さん、りんごの皮をむいて」という話になりました。そして筆者は「ああ、いいよ」と二つ返事をして、そこにあった包丁でスルスルとりんごの皮をむき、適当に切り分けて種を取り終えました。

　さて、ここからが問題の行動です。筆者は左利きですので、使い終わった包丁を何気なく、まな板の左端に包丁の柄がはみ出した状態で置き、左後ろの食器キャビネットからお皿を取ろうと左回りをした時、右手が包丁の柄に触れて、あっと思った瞬間、その包丁が筆者の足元に落ちてきたのです。その時は、とっさに足をどけたので事なきを得たのですが、まさに「ヒヤリ・ハット」を体験した訳です。

　その場に居合わせた妻から言われた一言が「お父さん、危険予知が足りないよ！」でした。そして、もう一言「それでよく安全の先生が務まるね」というキツーイ言葉でした。まさに、ごもっともな話で、ぐうの音も出ませんでした。反省！反省！（反省だけならサルでもできるということで対策を考えました）。

　後からじっくり考えると、急に頼まれた仕事で何の段取りや手順も考えずにそのまま作業に入ってしまったことに問題がありました。

　そこで、今後のりんごの皮むきに関する、本来あるべき段取りと安全行動をまとめてみました。

① 　むき終わったりんごを盛るお皿は、先にまな板の近くに準備する。

② 　包丁は、本来危険な道具であり、まな板の上に置く場合でも、まな板と平行に、まな板からはみ出さないよう刃を奥に向けて置く習慣をつける（**写真8-3-3**）。

　皆様も心してりんごをむきましょう！

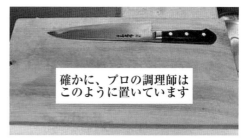

確かに、プロの調理師はこのように置いています

写真8-3-3　包丁の正しい置き方

● 第12項 ● 指差し呼称とその効果（エラーを防ぐ）

(1) 人間の意識レベルと信頼性

　故・橋本邦衛日大教授は『安全人間工学』の中で、人間の意識レベル（フェーズ）を5段階に分けて説明しています。

　日常の定常作業は、ほとんどフェーズⅡ（正常でゆっくりとくつろいだ状態）で仕事が進められるので、フェーズⅡの状態でもエラーしないような人間工学的な配慮が必要であるとともに、非定常作業時は、自分でフェーズⅢ（正常で明晰な状態）に切り替える必要があり、そのためには指差呼称が有効であるとしています。

　また、フェーズⅣ（過緊張、興奮状態）をフェーズⅢに切り替え、冷静になるためにも指差し呼称が期待されています。図8-3-14は、フェーズ0〜フェーズⅣの意識モード、生理的状態、各意識レベルにおける判断の信頼性を橋本邦衛教授の資料をもとに筆者が加筆整理したものです。

レベル	意識モード		生理的状態	信頼性
フェーズ 0		無意識 失神	注意や判断力がゼロ、働かず	ゼロ
フェーズ Ⅰ		意識ボケ	ぼんやりミスを犯しやすい （白昼夢状態）	0.9 以下
フェーズ Ⅱ		正常 リラックス	正常でゆっくりとくつろいだ状態 うっかりミスを犯しやすい	0.99〜 0.99999
フェーズ Ⅲ		正常 明晰	意識的に緊張感を持つ、注意力が働き最もミスのない最高の状態 （しかし持続困難）	0.999999 以上
フェーズ Ⅳ		過緊張 興奮	注意力が1点に集中、視野が狭く冷静な判断ができず、ミスを犯す	0.9 以下

図8-3-14　5段階の意識モード

（2）　指差し呼称

　指差し呼称は、人間の心理的な欠陥に基づく確認ミス、判断ミス、操作ミス等を防止し、事故や災害を未然に防止する効果が期待されています。注意対象に目を向け、腕を伸ばして指差し、大きな声で呼称してそれを自分の耳で聞くことによって意識のレベルを切り替えてクリアにする効果があります。

　指差し呼称の効果については、1994年に財団法人（現・公益財団法人）鉄道総合技術研究所により、効果検証実験が行われています（**図8-3-15**）。

　この実験によれば、「A　対象物を見るだけ」の場合の操作ボタンの押し間違いの発生率が2.38％であったのに対し、「B　対象物を見て呼称だけ行った」場合の押し間違いの発生率は1.0％、「C　対象物を見て指差しだけ行った」場合の押し間違いの発生率は0.75％でした。

　一方、「D　対象物を見て指差しと呼称を共に行った」場合の押し間違いの発生率は0.38％となり、押し間違いの発生率は、「A　対象物を見るだけ」の場合の発生率に比べ、16％（約6分の1）に減少するという結果でした。

　現場で、指差し呼称を実践する際の課題は、その目的や効果を十分に伝えず、指差し呼称をすることが目的になってしまうとその定着率は低く、形骸化しやすくなります。したがって、指差し呼称の目的と効果を作業者のレベルに合わせて伝える必要があります。作業者自身がこれは効果があって自分のためになると納得し、腹落ちして初めて実践してくれるようになります。

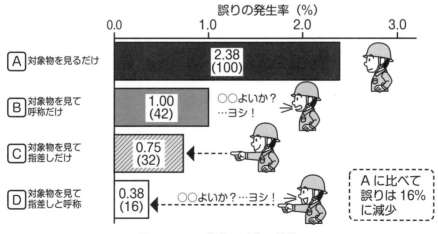

図8-3-15　指差し呼称の効果

第4節 チームの行動を変える取り組み

● 第1項 ● 安全施工一日サイクル活動

　鉄鋼生産設備など、稼働中の設備を一時的に休止して行う補修工事は、代表的な非定常作業であり、限られた休止時間の中で安全に、効率的に、求められる精度を確保しつつ機械部品などの修理作業を行わなければなりません。

　その実施においては**図8-4-1**に示すとおり、元方事業者（例：JFEスチール）、元請事業者（例：JFEプラントエンジ）、請負人（施工会社）それぞれが(1)発注〜(15)設備引渡しの各ステップにおける補修工事の役割を果たすことによって非定常作業の労働災害を防止する取り組みを行っています（詳細は、「鉄鋼生産設備の非定常作業における安全衛生対策のためのガイドライン（厚生労働省 平成27年2月）」を参照）。

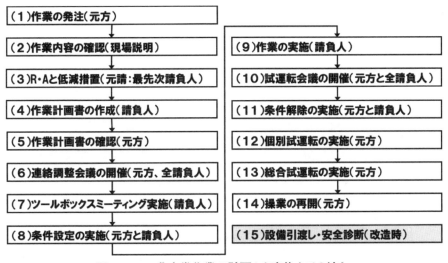

図8-4-1　非定常作業の計画から実施までの流れ

　JFEプラントエンジが実践している「安全施工一日サイクル活動」は、現地工事業務における「作業安全」、「作業品質」を確保するための中心的な取り組みです。

　この安全施工一日サイクルは、非定常作業の現地工事業務を20のステップに細分化して、ステップごとの実施事項を定型化することによって各段階の実施事項を見える化し、「やるべきことの抜け」を防止して確実な補修作業を実践できるようにしたものです。

　この安全施工一日サイクル活動では、会社が認定した作業指揮者[1]を中心に数名の作業者がチームを組んで1件の補修作業に従事し、（図8-4-2）の安全施工一日サイクル①〜⑳のステップに従って作業を進めていきます。

　そして、この仕組みは、社員のみならず、協力会社がJFEプラントエンジから受注して実施する補修作業についても同様の「安全施工一日サイクル活動」に取り組むようになっています。

　※1　ここでいう「作業指揮者」とは、法令等で定められている作業指揮者ではなく、企業独自の作業指揮者認定基準（3年間で認定更新）に基づいて、工事施工技能を持った職長教育修了者の中から認定された作業指揮者資格保有者をいう。

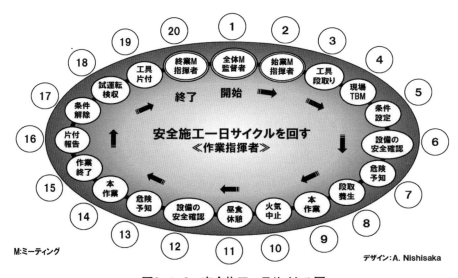

図8-4-2　安全施工一日サイクル図

「安全施工一日サイクル」の各ステップの具体的内容は、監督サイクルに従って、図8-4-3に箇条書きで示す20項目の実施事項が規定されており、作業指揮者評価基準（50項目）とも連動した内容になっています。

なお、作業指揮者の役割と役割発揮に必要な教育トレーニングに関しては、第9章第2節第5項で紹介します。

準備作業
① 監督者(チーフリーダー)の開催する全体ミーティングに参加し安全作業指示を受ける
② 作業グループごとの始業ミーティングを実施する
③ 作業に必要な道工具、工事機材、安全養生資材の段取り

本作業
④ 作業現場への移動とTBM
⑤ 修理条件設定の実施
⑥ 設備の安全確認
⑦ 着工前の危険予知ミーティングと着工指示
⑧ 安全養生、標識設置、作業環境対策等、工事段取りの実施
⑨ 本作業指揮の実施
⑩ 午前中の作業一時中断、火気使用中止、残り火確認、仮片付け

⑪ 現場 ⇒ 食休所へ戻り昼食、休憩 ⇒ 現場へ移動

⑫ 設備の安全確認
⑬ 作業再開前の危険予知ミーティングと着工指示
⑭ 本作業指揮の実施(注意ポイントは⑧と同じ)
⑮ 作業終了確認
⑯ 道工具、資機材等の片付け・清掃、全員ライン外へ退避指示、工事完了報告
⑰ 修理条件設定の解除、操作禁止札全数回収確認
⑱ 試運転立会、検収、作業現場から詰所へ撤収

確認作業
⑲ 道工具、工事機材の清掃・点検・整備、片付け
⑳ 終業ミーティング(終礼)と作業終了を監督者(チーフリーダー)に報告

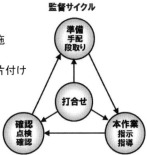

図8-4-3　安全施工一日サイクルの20ステップ

● 第2項 ● チーム行動の課題

　作業指揮者を中心に数人の作業者がチームとして取り組む「安全施工一日サイクル」では、作業開始から作業終了までのそれぞれのステップで作業指揮者と作業者の間で頻繁にコミュニケーションを取り合いながら作業を遂行していきます。

　図8-4-4は、中央に作業指揮者を配置し、ステップごとに各作業者とのコミュニケーションの状況をイラストで表現したものであり、チーム作業がコミュニケーションで成り立っていることがよく理解できます。

　したがって、補修作業に限らず、あらゆるチーム作業においては、コミュニケーションの良し悪しが作業の安全性や作業品質、作業効率に大きな影響を与えることになりますので、「コミュニケーション」の能力を高めることをチーム行動の課題として捉え、その効果的な実践について組織的に取り組んでいく必要があります。

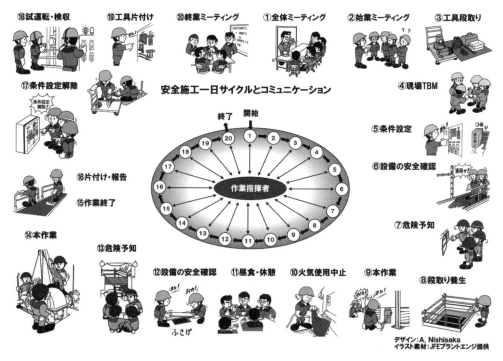

図8-4-4　作業指揮者と作業者のコミュニケーション

● 第3項 ● 　階層間の双方向のコミュニケーション

　前項では、作業チーム内でのコミュニケーションの重要性について解説しましたが、本項では、建設工事の安全管理を事例に役割階層間の双方向のコミュニケーションの進め方を紹介します。

　建設工事においては、統括安全衛生管理体制の下で作業間の連絡調整の必要性が労働安全衛生法第30条に規定されています。

　図8-4-5に示す役割階層のコミュニケーション図は、最も基本的な関係を示したもので、元方事業者（例：JFEプラントエンジ）と請負人としての協力会社の監督者と作業指揮者および作業者の間で行われるコミュニケーションを矢印で示したものです。

　仕事をする人すなわち、安全施工一日サイクルを実践する作業チーム内のコミュニケーションは前項で紹介したとおりです。「協力会社の監督者と作業チーム」の間のコミュニケーションと「元方事業者の工事責任者と協力会社の監督者」の間のコミュニケーションは、いわゆる「報告・連絡・相談」とともに、管理・監督業務に伴う「作業指示・伝達・指導・教育」などがタイムリーに行われる必要があります。特に、日々の作業を進めるための作業手順書の相互確認や始業ミーティング、作業終了後の終業ミーティングは、各役割間の重要なコミュニケーションの場となりますので、各役割階層に対して具体的な進め方の教育やトレーニングを実施する必要があります（第9章で事例紹介）。

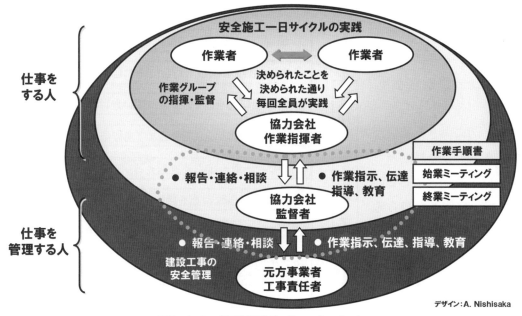

図8-4-5　役割階層のコミュニケーション

● 第4項 ● 対話パトロール（気付き、考えて、約束する）

⑴　対話パトロールとは

　対話パトロールとは、日常的な作業者の行動観察と是正指導を目的とする安全監査の一形式です。

　製造現場や工事現場では、安全管理の重要な施策として安全パトロールが行われてきました。従来の安全パトロールは、ルール違反や不安全行動、不安全状態を見つけて一方的に厳しく指導するという取締り型のパトロールで、パトロールを受ける者にとっては、強圧的でやらされ感の強いものでした。

　一方、JFEプラントエンジが実施している対話パトロールは、話し合いを通じて、働く人たち自身に考えてもらい、答えを引き出す取り組みであり、作業する人たちへの威圧感をなくした取り組みです。

⑵　対話パトロールの実施者と必要な能力

　対話パトロールの実施者（パトローラー）は、社内および協力会社ともに現場作業担当部門の部長、ライン管理者および監督者などの部下を持つ者が主体に行いますが、「作業者との対話技術」が身に付いていなければ効果的な対話パトロールはできません。

　JFEプラントエンジでは、独自に作成した「対話パトロールマニュアル」や「対話パトロール演練マニュアル」を用いて対話パトロールに必要な知識教育と作業現場で実際の作業者を相手にした実践訓練を通じて対話パトロール能力を高める取り組みを行っています。

⑶　対話パトロールの進め方と事例

　対話パトロールの進め方は、図8-4-6に示す9つのステップからなり、大切なポイントとしている④〜⑦に大きな特徴があります。この対話パトロールを繰り返すことによって、作業者が自ら考えるようになり、また、自らの発言で約束したことを実行して、安全意識も向上する効果が期待されます。

対話パトロールのステップ

① 現場に入り当事者の反応を見る
② もし、危険な状態や行動があればすぐに止める
③ 当事者に話をしてもよいか問いかける
④ 当事者の良いところを褒めてあげる
⑤ パトローラーが心配な点を伝える
⑥ 当事者から改善案を話してもらう
⑦ 当事者に改善案の実施を約束してもらう
⑧ この他に安全上の問題点が無いかヒアリングする
⑨ 当事者の対応に感謝し、挨拶して完了

④〜⑦：大切なポイント

図8-4-6　対話パトロールのステップ

〔仮設足場上でのダクト設置工事における対話パトロール事例〕

① パトローラーは、作業現場に入るとまず作業者の不安全行動を見ます。

② もしも極めて危険な場合は、直ちにその作業を止めさせますが、そうでない場合は次のように進めます。

　P（パトローラー）：「皆さん、ご安全に！」

　W（1：作業指揮者、2：作業者）：「ご安全に！」

　P：「暑い中の作業ご苦労様です。」（ねぎらいの言葉をかける）

③ P：「少し話をさせてもらってもよいですか？」（作業者の了解を得る）

　W1：「はい、大丈夫ですよ。」

　P：「ありがとうございます。」

　　「申し遅れましたが、私は中央工事室の○○といいます。少しここの作業の安全について話をしましょう。」

④ P：「皆さんは、ルールどおり保護具を使われていて大変いいですね。」（良い点を褒めることにより話を聞く耳を持たせる）

⑤ P：「ところで、そこの足場の端から人が落ちないか心配ですね。」（心配事を伝えるだけで決して対策を言わない）

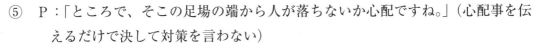

⑥ W2：「仕事に熱中していて手摺りを外したままにしているのをついうっかり忘れていました。」（対策を作業者に考えてもらう）

　W1：「そうですね。すぐに手摺りを元に戻します。」

　W1：「次回からは、必ず足場の安全点検をしてから作業をするようにします。」

⑦ P：「それは良い心がけですね。それで私の心配もなくなりますよ。これからも、同様の心がけで作業してくれますか？」

　W：「ハイ、わかりました。約束します。」

⑧ P：「他に問題点や要望はないですか？」

　W：「そうですね〜。　作業現場の周囲に工場の物品が置いてあって仕事がやりにくいんですよ。」

　　P：「そうですか。工事管理部署から工場に話して片付けるよう依頼しておきま
　　　しょう。その他にはありせんか？」

　　W：「はい。他には特にありません。」

⑨　P：「わかりました。それでは、お忙しいところ対応していただきありがとうご
　　　ざいました。これからも安全作業をよろしくお願いします。ご安全に！」

　　W：「ありがとうございました。ご安全に！」

第 **9** 章

安全文化を持続的に発展させる仕組み
（効果的な管理システムの構築と運用）

第9章の概要

　本書では、次に示す①安全文化創生活動と②災害防止のマネジメントシステムの2つの仕組みを「安全文化を創り育てる仕組み」として位置づけています。そして、「安全文化創生活動」と「災害防止のマネジメントシステム」の関係は、下の図のように整理されています。

　①　安全文化創生活動

　　　安全文化基盤を強化するための改善施策を創り出し、安全文化の種を組織に植付け、芽吹かせるための仕組み

　②　災害防止のマネジメントシステム

　　　「安全文化創生活動」によって組織に植付けられた安全文化の芽を大切に育て、安全文化のレベルを持続的に発展させていくための仕組み

　「災害防止のマネジメントシステム」は、安全文化創生活動で創出した安全文化要素の強化成果物をマネジメントシステムにおける「技術ベースの取り組み」と「行動ベースの取り組み」の中で継続的に実施するとともに、安全文化創生活動の活動機能を継承して、安全文化のレベルを持続的に発展させていくための恒久的な仕組みです。

　第9章では、「災害防止のマネジメントシステム」の基本的な考え方やそのシステムの概要を紹介するとともに、「災害防止のマネジメントシステム」の14の管理機能の中から、安全文化を持続的に発展させるために特に注力した安全衛生教育・トレーニングと安全監査の2つのサブシステムについて、具体的な事例を紹介します。

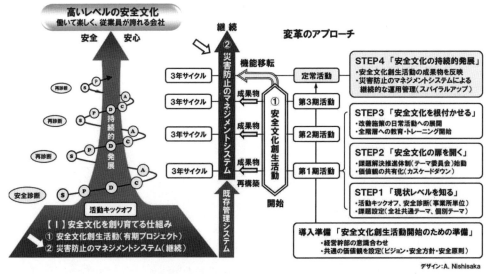

図　安全文化創生活動と災害防止のマネジメントシステムの関係

第1節 災害防止のマネジメントシステム

● 第1項 ● 災害防止のマネジメントシステムの目的

　第3章の企業経営ピラミッドの説明の中で、管理システム（マネジメントシステム）の総体が、管理の仕組み、あるいは枠組みを意味し、言わば、引き出しがいっぱい付いた和箪笥のようなものとして例えることができると述べました。実は、この和箪笥に相当するものが安全衛生分野における「災害防止のマネジメントシステム」であり、それぞれの引き出しに入るものが目的別の管理システム（サブシステム）となります。

　第5章で述べた安全文化の要素を強化するための「安全文化創生活動」によって多くの成果物がつくり出されましたが、それらは目的別の管理システム（サブシステム）として目的別の引き出しに収納し、運用と維持管理すべきものです。仮に、マネジメントシステムがなければ、それらの成果物は単独で取り扱うことになり、時間の経過と共に取り扱う人が入れ替わり、関心が薄れて、いつかは消えてしまいます。

　災害防止のマネジメントシステムは、それぞれの成果物を持続するとともに、総合的に運用することを目的とした効果的な管理システムです。

● 第2項 ● 災害防止のマネジメントシステムの概要

(1)　情報に立脚したマネジメントサイクル（S-PDCA）

　「現場状況の窓」となる氷山モデルをマネジメントの基点にして、S-PDCAサイクルの各段階に14の管理機能を関連付けて考案したマネジメントサイクルです（**図9-1-1**）。

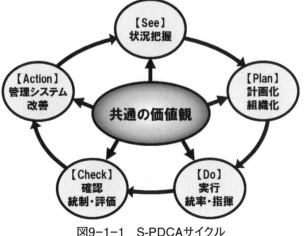

図9-1-1　S-PDCAサイクル

(2)　氷山モデル（管理の欠陥が氷山を押し上げる）

第2章第1節の災害発生のモデルで述べたとおり、事故や災害は、予め準備された多重の防護に生じた穴（欠陥）を通り抜けた危険源が人に接触することによって発生しますが、その危害の程度（死亡〜ヒヤリ・ハットまで）は偶然の結果で決まるものであり、コントロールすることはできません。

コントロールできることは、次の2点に集約されます。

1　事故や災害の直接原因になる不安全行動や不安全状態をなくすこと。

　　対策① 安全行動による危険回避

　　対策② 安全対策による危険排除

2　氷山を押し上げ、事故や災害発生を助長する根本原因を排除すること。

　　対策③ 管理上の欠陥の改善

そして、対策①②③を作り出す取り組みをS-PDCA マネジメントサイクルに乗せて継続的に実施することにより、多重防護が強化されるとともに、根本原因（助長要因）が解消されて氷山の体積が小さくなり、事故や災害、ヒヤリ・ハットが減少していきます。

この原理を視覚的に表現したものが氷山モデルです（**図9-1-2**）。

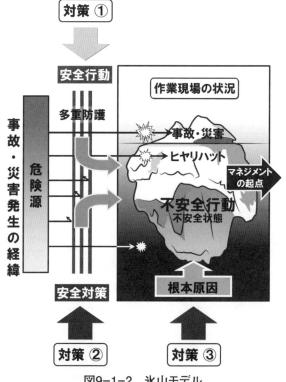

図9-1-2　氷山モデル

● 第3項 ● S-PDCAと14の管理機能（情報の流れ）の関係

　このシステムは、基本機能およびM1〜M14の管理機能で構成され、それぞれが
S-PDCAサイクルの流れの中で密接なつながりを持ちながら機能するように構成され
ています。

　「災害防止のマネジメントシステム図」（**図9-1-3**）は、基本機能およびM1〜
M14の管理機能のつながりを視覚的に表現したものです。

　情報の流れは、氷山モデルの事実情報を基点として流れが始まり、人間行動に焦点
を当てた「行動ベースの取り組み」と組織的要因に焦点を当てた「技術ベースの取り
組み」のアウトプットとして対策①②③が氷山モデルにフィードバックされます。

【基本機能】　「災害防止のマネジメントシステム」の統括管理
【共通－1】　（M1）　価値観の共有化
【See】　　　（M2）　状況把握
　　　　　　　　　　　（M2－1）顕在情報の収集と調査・分析
　　　　　　　　　　　（M2－2）潜在情報の収集と調査・分析
【Plan】　　　（M3）　方針・目標・計画の設定
　　　　　　　（M4）　運用条件の整備
　　　　　　　　　　　（M4－1）体制・仕組みの整備
　　　　　　　　　　　（M4－2）安全基準の整備
　　　　　　　　　　　（M4－3）変更管理
【Do】　　　　（M5）　異常時の緊急措置
　　　　　　　（M6）　事故・災害の再発防止措置と予防措置
　　　　　　　　　　　（M6－1）事故・災害の再発防止措置
　　　　　　　　　　　（M6－2）事故・災害の予防措置
　　　　　　　（M7）　健康障害の予防措置
　　　　　　　（M8）　安全教育・トレーニング
　　　　　　　（M9）　職場活動の活性化
　　　　　　　（M10）双方向コミュニケーション
　　　　　　　（M11）安全施工一日サイクル
【Check】　　（M12）実績評価（安全監査）
【Action】　　（M13）スパイラルアップ
【共通－2】　（M14）協力会社の安全管理

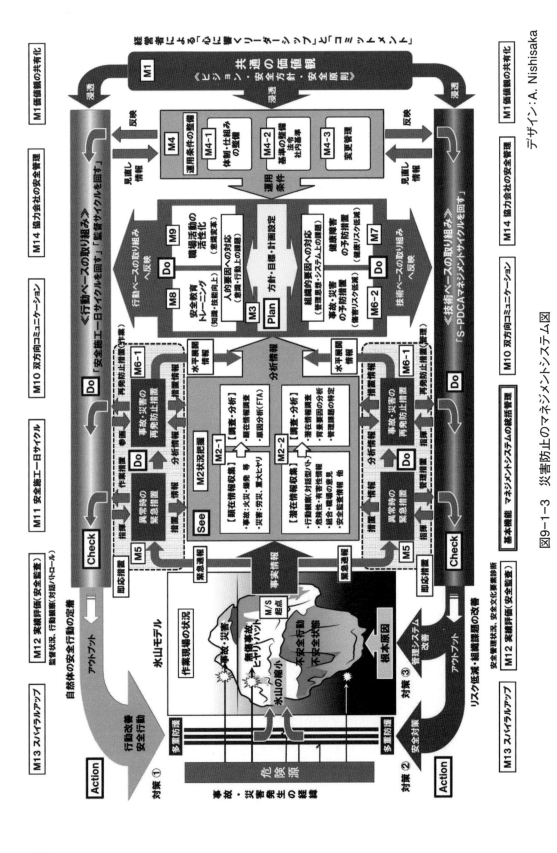

図9-1-3　災害防止のマネジメントシステム図

デザイン：A. Nishisaka

● 第4項 ● 各管理機能の内容

【基本機能】 災害防止のマネジメントシステムの統括管理

　　基本機能とは、災害防止のマネジメントシステムの14の管理機能をS-PDCAサイクルに乗せて継続的に運用することにより、安全衛生パフォーマンスに影響する人間行動要因や組織的要因の改善を図って事故や災害を防止し、組織の安全文化レベルを持続的に発展させるための統括管理機能である。

（M1）価値観の共有化

①　経営者による心に響くリーダーシップとコミットメントの表明

　　経営トップは、「心に響くリーダーシップ」と「コミットメント」を表明するものとして、企業活動（安全衛生活動等）における目的や方向性、考え方、基本原則を示す「ビジョン・安全方針・安全原則」を公式な文書として定めて、これを共通の価値観として組織内で共有化する。

②　共通の価値観の共有化と実践

　　管理者は、自ら会社のビジョンを理解し、安全方針・安全原則に従った判断、実行して伝道師として部下に模範を示す。

　　管理者は、機会あるごとに部下に対して、ビジョン・安全方針・安全原則を教育指導し、部下に安全の価値観を浸透するとともに、自らも、私生活を含めて常に安全を第一優先で考え、行動する。

　　従業員は、共通の価値観を価値判断の拠り所として、日常行動の中で実践する。

（M2）状況把握

　　この機能は、事故や災害など実際に発生した事象の「顕在情報」の収集・分析と、まだ事故や災害などには至っていないが、安全衛生パフォーマンスに影響を及ぼす要因を内在する「潜在情報」の収集・分析の2つの機能より構成される。

M2-1　顕在情報の収集と調査・分析

　　顕在情報とは、実際に発生した事故や災害およびヒヤリ・ハット等の事象に関する情報をいう。

　　M2-1顕在情報の調査・分析の具体的な取り組みは、次の①～③が挙げられる。

①　労働災害（傷害、健康障害）の調査と原因分析

②　人が係る無傷事故（重大ヒヤリ・ハットなど）の調査と原因分析

③　火災、爆発、倒壊・落下、環境汚染事故等の調査と原因分析

　　分析情報は、M6-1事故・災害の再発防止措置とM3計画・目標・計画設定へ反映する。

　　Ｍ２−２　潜在情報の収集と調査・分析（管理課題の特定）

　　　　潜在情報とは、安全衛生パフォーマンスに影響を及ぼす直接的な危険性・有害性情報や間接的に危険性・有害性を高める背景要因（助長要因）をいう。

　　　　潜在情報の収集と調査・分析では、次の事項を実施する。

　　　①　作業における危険性・有害性情報に関する調査・分析

　　　②　労働組合・職場の意見・問題意識等の収集・分析

　　　③　監督者、作業指揮者の役割発揮状況の把握と弱点特定

　　　④　客先、協力会社の情報（Ｍ14）

　　　⑤　安全監査情報（Ｍ12）　等

　　　　分析情報は、Ｍ３計画・目標・計画設定へ反映する。

（Ｍ３）方針・目標・計画の設定

　　　　方針・目標・計画の設定は、Ｍ２状況把握の分析情報、Ｍ６−１事故・災害の再発防止措置よりもたらされる水平展開情報、および、Ｍ４運用条件に基づき次の事項を実施する。

　　　①　安全方針表明と意欲的な安全目標の設定

　　　②　情報に基づく安全管理計画の策定

　　　③　経営資源の確保（要員、予算、時間等）

（Ｍ４）運用条件の整備

　　　　運用条件とは、災害防止のマネジメントシステムを効果的に運用するために誰もが守るべき条件を定めたものであり、次の３つの機能で構成される。

　　　Ｍ４−１　体制・仕組みの整備

　　　①　安衛法等関連法令の順守体制の整備

　　　②　組織体制、役割分担（階層別、業務フロー別）、職責・権限の整備

　　　③　情報伝達ルートの設定

　　　④　安全管理システムの設定

　　　Ｍ４−２　安全基準の整備

　　　①　組織内安全基準・ルール、施工計画書、作業手順書等の整備

　　　②　教育・トレーニング基準の整備

　　　③　安全管理システム監査基準の整備

　　　Ｍ４−３　変更管理

　　　　労働安全衛生パフォーマンスに影響を及ぼす計画的な変更や意図しない変更による有害な影響（リスク）を軽減するための措置をとる。変更管理の視点は以下による。

① 作業条件に関する変更による影響

　　要素：人（要員）、作業方法、作業手順、作業設備/道工具、化学物質、作業環境

② 法令、社内基準等の変更による影響

③ 危険源、安全衛生リスクに関する知識または情報の変化による影響

④ 知識または技術の発達による影響

（M5）異常時の緊急措置

① 異常時の緊急対応（救急・報告・二次災害防止、対応指揮）

（M6）事故・災害の再発防止措置と予防措置（傷害リスクの低減）

M6-1　事故・災害の再発防止措置

① 原因の特定と再発防止措置の実施

② 水平展開情報のM3方針・目標・計画策定への反映

M6-2　事故・災害の予防措置

障害リスクの低減を図るとともに、組織的要因の改善を図る。

① 類似災害防止対策の実施

② リスクアセスメントに基づくリスク低減措置の検討と実施

③ 人に優しい工事の推進

（M7）健康障害の予防措置

健康リスクの低減を図るとともに、組織的要因の改善を図る。

① 労働衛生管理の充実と快適職場つくり

② メンタルヘルス対策

③ エルゴノミクス対策

（M8）安全教育・トレーニング

安全衛生知識・基本行動、役割の習得を図る。

① 階層別安全衛生教育

② 体感トレーニング

（M9）職場活動の活性化

M8安全教育・トレーニングで習得した安全衛生知識や基本行動実践への動機付けを図り、ルールを守り、より安全に行動する人と職場づくりを行う。

① 職務規律と安全意識の向上

② 職業的自尊心の醸成≪従業員エンゲージメントの向上≫

（M10）双方向コミュニケーション

① 双方向コミュニケーション（指示・命令・指導・動機付け）

② 客先、社内、協力会社との連携調整

（M11）安全施工一日サイクル

　　安全施工一日サイクルは、安全衛生知識や基本行動の実践の場であり、この実践による安全行動によって危険を回避し、多重防護の信頼性を高める。

① 安全施工一日サイクル活動の活性化による安全行動とチームワークの醸成

② 環境・機械・道工具の点検整備

（M12）実績評価（安全監査）

① 行動改善状況のチェック・評価

② 安全管理計画実施状況のチェック・評価

③ 安全文化の13要素のレベル診断

④ 災害防止のマネジメントシステムの運営状況監査

⑤ 記録作成

（M13）スパイラルアップ

① 持続的な作業行動改善による協調行動型行動様式への進化

② 持続的な安全対策（リスク低減措置）の実施による多重防護の強化

③ 持続的な組織的課題の改善による事故・災害誘発要因の排除

④ 持続的な「災害防止のマネジメントシステム」の改善（見直し）

（M14）協力会社の安全管理（製造業補修元請事業者、建設元方事業者の役割）

① 補修工事、建設工事協力会社への指導・支援

　　○ 補修工事　製造業における総合的な安全衛生管理体制に基づく措置

　　○ 建設工事　統括安全衛生管理体制に基づく措置

② 協力会社の管理機能実施状況把握と改善指導

　　○ 協力会社安全監査結果に基づく措置

【逆転の発想からできたマネジメントシステム図】

　安全管理の仕組みを考えるとき、会社の階層別役割と関連づけていく必要があります。

　その際に、頭に浮かんでくるのは、社長を頂点としたピラミッド構造であり、管理する側が上、管理される側の現場が下という既成概念です。

　筆者が「災害防止のマネジメントシステム」の開発を始めた頃は、この既成概念が頭から離れず、マネジメントシステム図も管理（マネジメント）を図の上に配置し、現場の活動である「安全施工一日サイクル」を下に配置していました。

　このマネジメントシステム図は、情報の流れを重視して、それが視覚的にも分かりやすく表現しようとしていましたが、管理の大きな矢印が氷山モデルに戻ってきたとき、どうしても上手くつながらず、作図が行き詰ってしまいました。その後、しばし氷山モデルを眺めていてハタと気付いたことは、氷山は海水の浮力によって浮いているんだ。だから、管理レベルが悪化すると塩分濃度が増えて、氷山が押し上げられる・・。この、管理レベルの悪化こそが根本原因であると考え、管理と現場活動の配置を上下入れ替えてみると、視覚的にも情報の流れが上手くつながるようになりました。

　まさに、逆転の発想です。

　そして、その逆転の発想を階層別役割の図にも適用してみると、これまでの上位下達の関係が払拭され、管理者や監督者の役割が現場第一線の人たちの安全を支えるという概念が表現できるようになりました。また、この考え方は安全文化の思想にも合致しています。管理の力は、良くも悪くも現場で働く人たちの安全に大きな影響を及ぼすものであることに以下の2つの図から気付いていただければと思います。

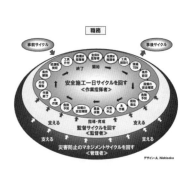

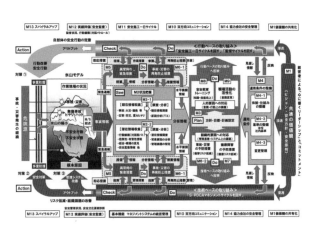

第2節　安全衛生教育・トレーニングシステム

● 第1項 ●　会社独自の「階層別役割」の明確化

　会社が業務運営する場合、階層別役割に応じて職務を定め、その職務に就く従業員に対して職務遂行能力を養成するために教育トレーニングを実施します。この教育トレーニングの一環で実施する安全衛生教育は、職務遂行の過程で予測される労働災害や職業性疾病を防止するために、各階層の従業員に対して実施するものです。

　図9-2-1はJFEプラントエンジの代表的な業務である「生産設備の修理作業」における階層別役割と職務の関係を視覚化したもので、職務を大別すると「安全施工一日サイクルを回す」「監督サイクルを回す」「災害防止のマネジメントサイクルを回す」の３つに分けられます。

　一般従業員は、作業指揮者の下で指示された職務について共同作業者と連携をとりながら作業に従事し、作業指揮者は、リーダーや一般従業員の資格認定者の中から作業ごとに指名され、作業手順に従って担当作業チーム員を指揮し、安全施工一日サイクルを回して作業を完結させます。

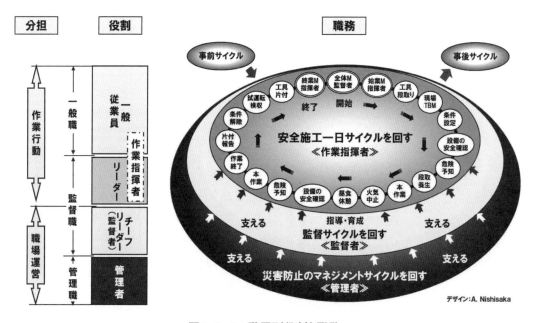

図9-2-1　階層別役割と職務

チーフリーダー（監督者）は、複数のリーダーと一般従業員を部下に持ち、作業チーム単位の要員配置や日々のミーティング、職場における安全衛生活動、安全教育トレーニングなどの「監督サイクル」を回して、部下に、正しい作業行動を身に付けさせるという職場の長としての役割を担います。

管理者は、複数のチーフリーダーと職場を統括し、災害防止のマネジメントシステムの各管理機能に関して組織全体をコントロールして、安全行動、安全対策、管理システムの改善というフィードバックをつくり出していく組織の長としての役割を担います。

● 第2項 ●　安全衛生教育体系

安全衛生教育は、階層別役割や職務内容に応じて体系化し、高い教育効果が得られるよう教育内容や手法、時間、教材、フォローの方法、講師や教育機関などを選択して、計画的、継続的に実施する必要があります。

図9-2-2は、安全衛生教育体系の事例を示し、教育コースを次の2つに分類して実施しています。

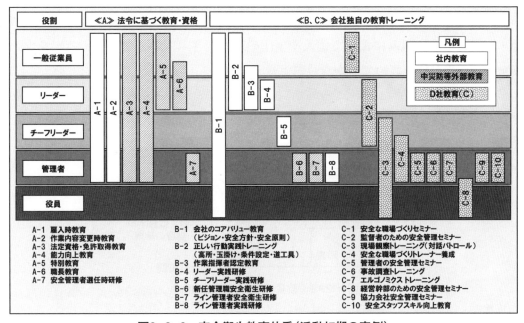

図9-2-2　安全衛生教育体系（活動初期の事例）

① **法令に基づく安全衛生教育（資格取得を含む）**

　職務に関連する法定教育を計画的に行うもの。

② **会社独自の安全衛生教育トレーニング**

　階層別役割に対応する個別教育として独自の社内教育に加え、中央労働災害防止協会東京安全衛生教育センター等の外部教育機関の教育コースを取り入れて行うもの。

　⑺　現場作業に直接従事する者に対しては、職務規律やルールを守り、安全に作業を遂行するための知識や技能教育と自らの安全を考え行動する学習を主体に行う。

　⑷　監督者に対しては、部下を監督・指導・育成するための効果的なOJTの進め方や安全上の問題解決への対応など、職場運営の手法や考え方を習得し、高い安全意識に基づく行動指導力を高める実践教育を行う。

　⑼　管理者に対しては、「災害防止のマネジメントシステム」の各管理機能をバランスよく機能させ、管理者が部下の心に響くリーダーシップを発揮して高い安全文化を持つ組織にしていくための実践教育を行う。

　以上、JFEプラントエンジの安全衛生教育体系事例を概説しましたが、教育によって知識を与え、技能をつけても、従業員一人ひとりが"常に自分や仲間の安全を気遣う"という強い気持ち（態度）を持って行動しなければ、災害はなくなりません。

　図9-2-3に示すように、態度の醸成は難しく時間のかかることですが、日々の管理・監督者の取り組みによって個人や集団の態度変容（内的基準を変える）を促し、安全行動への動機を高めていかなければなりません。

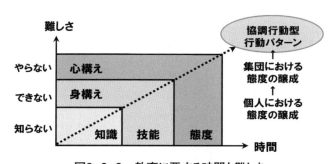

図9-2-3　教育に要する時間と難しさ

● 第3項 ● ライン管理者の役割と安全衛生教育

通常、ライン組織を預かる管理者は、安全衛生管理、環境防災管理、品質管理、納期（工程）管理、コスト（収益）管理、人事管理などの6つの職務をどれひとつ欠落させることなく、バランスよくコントロールしていくというマネジメント能力の発揮が期待されています。

とりわけ安全衛生に関しては、管理者のマネジメント能力（専門的能力、対人的能力、概念化能力）に負うところが大きく、その期待される役割に応じた安全知識や安全技術力などの専門的能力、そして組織目標を示すための概念化能力さらに関係者との折衝や部下への動機付けなどの対人的能力が望まれます（**図9-2-4**）。

具体的な安全管理者の役割は、業態によってさまざまですが、一般的には「労働安全衛生規則の施行について」（基発601号の1　昭和47年9月18日労働省労働基準局長通達）を具体化した職務やOSHMSの推進などが広く知られています（第5章第1節第2項参照）。JFEプラントエンジにおける管理者の役割は、高い安全文化の創生を目指した災害防止のマネジメントシステムにおける14の管理機能（第9章第1節参照）を継続的に実践することであり、「マネジメントサイクルを回す」ということになります。

⑴　ライン管理者に対する安全衛生教育

前述のように、管理者に対するマネジメント能力への期待レベルは高く、また、労働安全衛生法の改正により、2006年10月以降は「安全管理者選任時研修」の修了が必要になりました。

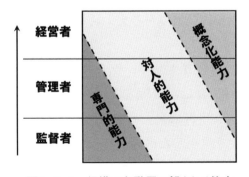

図9-2-4　組織の各階層に望まれる能力

　JFEプラントエンジでは、このような社会的要求への対応をも含め、安全衛生教育体系）に基づき、安全管理者に対する安全衛生教育を以下の教育コースについて計画的に実施しています。

① **安全衛生に関する共通教育(外部教育)**
　• ライン管理者安全衛生研修　（中災防５日間コース）

② **安全文化基礎教育(外部講師)**
　• 管理者のための安全管理セミナー（Ｄ社２日間コース）

③ **安全衛生管理実践教育(社内教育)**
　• ライン管理者実践研修（社内講師３日間コース）　（**写真9-2-1、9-2-2**）

④ **安全衛生専門教育**
　• 事故調査トレーニング（Ｄ社２日間コース）
　• エルゴノミクストレーニング（Ｄ社２日間コース）
　• 現場観察トレーニング（Ｄ社１日間コース）

写真9-2-1　副社長による価値観の解説　　　　写真9-2-2　グループ討議

　それぞれの教育方法は、知識教育では講義方式となりますが、その他は極力グループ討議方式をとり、受講生一人ひとりが考え、話し合い、結論を導く方法を採用しています。

　表9-2-1は、①および③の教育カリキュラム事例を示しますが、③の社内教育として行うライン管理者実践研修は、管理者安全教育の集大成として、その他の教育コースのエッセンスが「災害事例研究」の中で活用されるようにプログラム化して、各教育コースとのつながりを重視した構成になっています。また、社内教育では、教材として実用的な安全情報を提供する等、忙しい安全管理者の利便性を高めるという取り組みも併せて行っています。

表9-2-1　安全衛生教育カリキュラム例

① ライン管理者安全衛生研修（5日間）

狙い：安全衛生管理に必要な基礎的知識、手法を修得する
　　　とともに、安全管理者選任時研修を兼ねる。

L1（1）　幹部講話（安全担当役員）
L1（2）　安全衛生管理概況、危機管理（安全衛生部長）
L2　関係法令　（安衛法、建設業法、派遣法）
L3　企業経営と安全　（講義）
L4　判例にみる管理者の責務（講義）
L5　安全管理者の役割と職務　（講義+CS）
L6　OSHMSの概要　（講義+CS）
L7　総合的安全衛生管理の進め方　（講義）
　　　3つの管理体制（総括管理、統括管理、総合管理）
　　　労働災害の原因調査と再発防止対策
L8　作業標準の作成と周知　（講義）
L9　安全心理（講義）
L10　安全心理（講義+CS）
L11　リーダーシップ
　　　3つのスキル、業務遂行の原則
L12　安全教育の方法（講義+CS）
　　　対人技術（動機付け・指示の原則、傾聴法）
L13　教育指導の原則（グループ討議の原則、指導案作成）
L14　社員の健康問題（労働衛生管理、メンタルヘルス）

③ ライン管理者実践研修　（3日間）

狙い：ライン管理者安全衛生研修の修了者を対象に
　　　独自の社内教育により、実践力を養成する。

L1　幹部講話（事業所長等）
L2　安全文化創生活動（講義）
　　　活動の基本的な考え方、進め方、成果物等
L3　安全理念（講義+CS）
　　　共通の価値観の理解度と指導力の向上
L4　階層別役割とライン管理者の役割（講義+CS）
　　　望まれる人間像と階層別役割
　　　ライン管理者の役割自己評価、グループ討議、発表
L5　災害防止のマネジメントシステム（講義+CS）
　　　14の管理機能解説と自己評価
L6　安全監査（講義）
　　　安全監査システムの解説
　　　全社安全監査、事業場内部安全監査、協力会社安全監査
L7　災害事例研究（自社災害事例に基づく実践的演習）
　　　FTA手法の解説（講義）
　　　FTAによる根本原因の追求（CS）
　　　階層別役割への落とし込み、対策検討、発表

● 第4項 ● 監督者の役割と安全衛生教育

(1) 監督者とは

　監督者とは、いわゆる職長を意味し、労働安全衛生法第60条で定められている「職長教育」を受け、「作業中の労働者を直接指導、又は監督する者」として定義されています。この監督者を表す呼称は、企業によって、作業長、工長、チーフ、監督、班長等さまざまですが、JFEプラントエンジの標準的な作業組織では、**図9-2-5**に示すチーフリーダーとリーダーの2階層が監督者として位置付けられています。

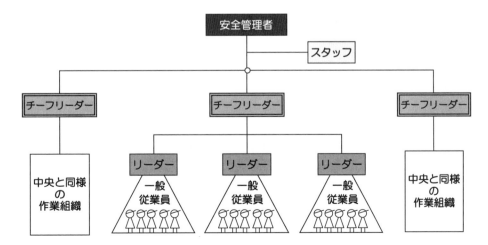

図9-2-5　ライン組織事例

(2)　監督者の役割と職務

　JFEプラントエンジが行う機械修理工事では、顧客の工場へ出向き、「安全施工一日サイクル」に沿って各種生産設備の修理作業を実施しますが、この分野は作業の機械化や自動化が難しい非定常作業であることから、大半の労働災害はこの作業中に発生しています。

　特に作業の性質上、高所作業、玉掛け作業、道工具取扱作業および修理条件設定の不備による災害が過半数を占めています。したがって、前項までに述べてきたマネジメント側面の充実は当然のこととして、「安全施工一日サイクル」を進める際に周到な作業計画と先を読んだ段取り、そして従業員一人ひとりの安全行動の実践が災害防止の最後の歯止めとして必要不可欠となります。そして、これらの歯止めは、監督者による日々のきめ細かな取り組みによって実現できるものであり、次に示す監督者の役割と職務の遂行が必要となります（**図9-2-6**にその関係を示す）。

① 　作業指揮者（主としてリーダーが担当）が一般従業員を指揮して行う「安全施工一日サイクル」の業務遂行に関する役割と職務

② 　職場の要（キーパーソン）であるチーフリーダーが主として行う、日々の作業チーム配置や全体ミーティング、職場における教育トレーニング（OJT）、職場の問題解決のための安全衛生活動などを通じて、部下に安全行動への動機付けを行い、正しい作業行動のできる部下に態度変容させる役割と職務（職長12の鍵に相当）

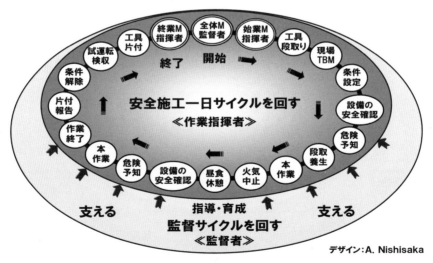

図9-2-6　監督者の役割と職務

> 注）　職長教育では、①問題を解決する固有技術、②リーダーシップ能力向上技術、の2つの技術力の習得、向上が求められ、教育事項として、知識、技能、態度面から12の鍵（役割）がある。

⑶ 監督者に対する安全衛生教育

監督者教育のうち、職長教育内容は中央労働災害防止協会発行の『職長の安全衛生テキスト』でかなり具体的に示されていますので、本書では解説を省略しますが、職長教育内容の具体的な運用面では職務の実態（役割と職務）に応じた社内教育とトレーニングが必要です。

JFEプラントエンジでは、監督者はリーダーの選任前提として職長教育を履修しますが、いわゆる「職長12の鍵」をどのように役割や職務に反映して監督業務を実践するかという、具体的な方法（How to）を修得するため、複数の社内教育をチーフリーダー、リーダー別に計画しています。

例えば、チーフリーダー対象の教育では、**表9-2-2**に示す監督者（チーフリーダー）の望まれる人間像の実現を目指し、次のとおり実施しています。

表9-2-2　監督者教育の内容

1.　監督者（チーフリーダー）に望まれる人間像

1. 仕事に関する基礎知識のある人
2. 率先垂範できる人
3. 部下を統率・指導・育成する力のある人
4. 企画力と問題解決能力のある人
5. 部下を知る力のある人
6. 仕事は厳しく、付き合いは愛情を持ってできる人
7. 常に前向きの努力目標を立て共に歩める人
8. 上司、関係部署とのコミュニケーション力のある人
9. 異常時、作業変更時に急がず・慌てず・冷静に行動できる人

●能力開発側面（知識・技能の領域）

1. 専門の業務知識・技能に精通する人
2. 自分の権限に直結する法律知識を有する人
3. 職長12の鍵を理解し確実に実践できる人
4. 課題解決のための計画化と目標管理ができる人
5. 職場のマネジメントサイクルを回せる人
6. リスクアセスメントができる人
7. 対話能力のある人

●人間形成側面（態度、業務倫理、価値観）

1. 安全に対する会社共通の価値観を信奉し、部下に伝えられる人
2. 公私共に部下に模範を示せる人
3. リーダーシップを発揮できる人
4. 約束事を守る人

2. 安全文化基礎教育　・・・D社
●「現場の監督者のための安全管理セミナー」
（2.5日間コース）
1）事故について考える
2）監査の実施
3）対策の実施
4）事故調査
5）安全の風土作り
6）計画
7）現場観察と対話トレーニング

3. 安全衛生管理実践コース　・・・社内教育
●「監督者実践研修」（3日間コース）
1）幹部講話
2）安全成績の近況と課題
3）共通の価値観（ビジョン・安全方針・安全原則）
4）安全施工一日サイクルと階層別役割
5）職場OJTの効果的な進め方
6）労働衛生管理（作業環境管理、作業管理、健康管理）
7）災害から学ぶ（災害発生時の対処方法と重大災害の教訓）
8）災害事例研究

① 職長12の鍵の確認

　履修済みであり、監督者実践研修の中で監督者の役割確認を行います。

② 「現場の監督者のための安全管理セミナー」（D社2.5日間コース）

　高い安全文化の創生を目指し、監督者の安全管理スキル向上を目指すものです。

③ 「監督者実践研修（チーフリーダー向け）」（３日間コース）　社内教育

　JFEプラントエンジが開発したカリキュラムと教材を用いて事業所ごとに行い、監督職務の実践力向上を目指すものです。講師は、JFEプラントエンジのライン管理者（ライン管理者安全衛生研修修了者より選任）が担当し、本社教育部門の行う講師養成講座を受講後に行います（**写真9-2-3**）。

災害事例研究の様子　　　　　　　　　　担当講師　熱意あふれる講義

写真9-2-3　監督者実践研修（チーフリーダー）実施状況

● 第５項 ● 　作業指揮者の役割と安全衛生教育

⑴　作業指揮者とは

　作業指揮者の指名が必要な作業は、労働安全衛生法関係規則の中で規定されており、例えばクレーンの組立、解体作業（クレーン則第33条）などのように、危険を伴う作業では作業指揮者を指名してその作業の指揮に当たらせるように決められています。

　一方、JFEプラントエンジが行う生産設備等の補修工事では、大半が非定常作業[1]であり、各種の危険を伴う作業であることから、全ての作業チーム単位に作業指揮者を指名配置して、作業チーム員を現場で直接指揮するようにしています。

　作業指揮者は、予め作業指揮者としての社内資格認定試験に合格した者の中から指名されますが、具体的にはリーダーと一部の一般社員がチーフリーダーによって指名され、その任に就いています。

　[1]：非定常作業とは、日常的に反復・継続して行われることが少ない作業をいう（「鉄鋼生産設備の非定常作業における安全衛生対策のためのガイドライン」（厚生労働省）より引用）。

(2) 作業指揮者の役割と職務

　作業指揮者は、現場第一線におけるチーム作業の監督・指揮をする人物として、作業の段取りや手順・方法、安全対策など、配置された作業者を直接指揮し、作業を安全に計画どおり完結させる役割を持っています。その主たる職務は、「安全施工一日サイクル」を生かした直接の監督・指揮です（**図9-2-7、表9-2-3**を参照）。

　この「安全施工一日サイクル」は、生産設備等の補修工事に共通的に適用されるもので、作業指揮者が①～⑳のステップに沿って作業者を指揮し、それぞれのステップごとに安全を確保しながら作業を進めます（第8章第4節第1項参照）。しかし、労働災害の多くはこの「安全施工一日サイクル」の過程で発生していますので、現場作業のすべての安全確保を作業指揮者に依存するのではなく、事前の作業計画やリスクアセスメント等の技術ベースの取り組みを充実しなければなりません。そして、現場で遭遇する種々の危険を回避するため、作業者に対し気配りした作業指揮ができるよう、作業指揮者になる者を教育・トレーニングすることが不可欠です。

　また、作業指揮者が自ら作業のみに没頭することなく、一歩離れて作業者への安全配慮や指導を優先的に実行できるようにするためにはマネジメントとしての下支えが必要です。

　第9章第1節で紹介しました「災害防止のマネジメントシステム」は、まさにこの「安全施工一日サイクル」の中で発生する災害を無くしていくために組織的に下支えする仕組みです。

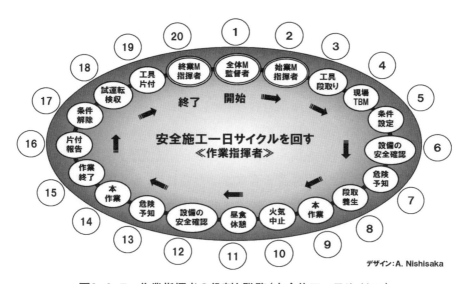

図9-2-7　作業指揮者の役割と職務（安全施工一日サイクル）

表9-2-3　作業指揮者の職務事例

1．事前準備作業
① 監督者（チーフリーダー）より作業指示書を受領し、工事内容の説明を受ける。
② 客先より工事の現場説明を受け、工事内容、施工条件、条件設定内容を確認する。
③ 工事施工要領を決定し、工事段取りを計画する。
④ 作業者に工事内容、施工要領、段取り内容、スケジュールを説明し周知する。

2．当日の作業（安全施工一日サイクルの20ステップ）
① 監督者の開催する全体ミーティングに参加し安全作業指示を受ける。
② 作業グループごとの始業ミーティングを実施する。
   ・安全な作業手順の決定と作業者への周知
   ・作業者の能力を考慮した役割分担と適正な配置
③ 作業に必要な道工具、工事機材、安全養生資材の段取り
④ 作業現場への移動とTBM
   ・作業者への作業指示および指導
   ・工事立ち入り地区のローカルルールの確認と作業者への周知
   ・作業者への災害発生時の対応方法の周知
⑤ 修理条件設定*2の実施
⑥ 作業現場の設備の安全確認
⑦ 着工前の危険予知ミーティングと着工指示
⑧ 安全養生、標識設置、作業環境対策等、工事段取りの実施
⑨ 本作業指揮の実施
   ・作業状況を監督し、不安全行動、不安全状態を直ちに指導是正
   ・異常（体調不良、事故、災害等）時の報告と一次措置の実施
⑩ 午前中の作業一時中断、火気使用中止、残り火確認、仮片付け
⑪ 現場⇒食休所へ戻り昼食、休憩⇒現場へ移動
⑫ 作業現場の設備の安全確認
⑬ 作業再開前の危険予知ミーティングと着工指示
⑭ 本作業指揮の実施（注意ポイントは⑧と同じ）
⑮ 作業終了確認
⑯ 道工具、資機材等の片付け・清掃、全員ライン外へ退避指示、工事完了報告
⑰ 修理条件設定の解除、操作禁止札全数回収確認
⑱ 試運転立会、検収、作業現場から詰所へ撤収
⑲ 道工具、工事機材の清掃・点検・整備、片付け
⑳ 終業ミーティング（終礼）と作業終了を監督者（チーフリーダー）に報告
   ・作業者から作業上の問題点・改善点を引き出す（ヒヤリ・ハット報告の記入）
   ・作業方法、設備・環境等の改善策の立案と提言（安全日誌等への記入）

> ＊2　修理条件設定とは、修理のために機械設備を停止し、修理中に動力や自重等
> で動かないよう動力源を遮断し、機械を拘束するもので、電源、操作器具や
> バルブ、ロックピン等に施錠や操作禁止札をかけて、誤って動かされないよ
> うにする安全措置をいう。

⑶　作業指揮者を養成する安全衛生教育（機械工事職種の例）

　作業指揮者資格は、作業遂行技能が多能工として一人前のレベルに達した者が作業指揮教育と実地トレーニングを積んだ上、会社独自の認定試験にパスした者に与えられる資格です。従って、作業指揮者を養成するためには、組立作業、製缶作業、配管作業、鳶作業などの施工技能を修得（多能工化）するとともに、作業指揮に係わる安全衛生上の専門知識教育と実践能力向上のためのトレーニングが必要となります。

　JFEプラントエンジでは技能教育に関し、多能工として一人前のレベル（中級機械工事教育修了）に到達した者に対して**表9-2-4**に示す作業指揮者教育を行っています（入社後６年～８年の間に実施）。

表9-2-4　作業指揮者教育

```
1　作業指揮者教育
　　①　知識教育　（工事計画・工事仕様・見積・工程の作成方法など）
　　②　実地教育　（作業指揮トレーニング）
　　　・工事計画書、足場計画書、工程表等の作成等
　　　・鉄鋼圧延機械設備（トレーニング用）を用いた分解組立整備、
　　　　本体据付工事における作業指揮トレーニング
　　③　OJT教育　（職場における実践トレーニング）

2　法定安全衛生教育
　　①　職長教育による監督指導に関する一般知識教育
　　②　特別教育、技能講習等は技能教育の過程で実施し資格取得する
```

(4)　作業指揮者の指揮能力向上教育

　作業指揮者は、前述のように数人の作業者とチームを組んで「安全施工一日サイクル」を実践する現場作業の中心的役割を担うため、その指揮能力の良し悪しが、現場作業の安全性や作業の品質に大きな影響を与えることになります。

　作業指揮者は、会社独自の認定制度によってその能力を確認し、資格認定をしていますが、経験や知識などの差によって指揮能力に差があるのが実態であり、この指揮能力の差は、災害や事故、施工品質不良の発生などで顕在化してきます。

　JFEプラントエンジでは、認定教育とは別メニューで作業指揮能力向上のために『ここがポイント！　シリーズ』として次に示す8つの教育コース（教育時間：1コース30〜60分程度）を新たに設定し、社内および協力会社各社に講師を養成し（全社で286名）、それぞれが講師になって、作業指揮者認定を受けた者全員を対象に作業指揮能力向上教育を実施しています。

　以下に「ここがポイント！　シリーズ」の各教育コースの概要を紹介します。

①　ここがポイント！　『作業指示』

　チーム員各自への作業指示は、具体的な内容を簡潔明瞭に伝える必要があるが、実際は「伝えたつもり」、「分かったつもり」が多く、改めて理解度を確認すると正しく伝わっていないことが多い。

　「ここがポイント！　作業指示」では、作業指示の伝わり方について事例演習を通して正しく伝えることのポイントを実感するとともに、作業指示の原則を再確認しながら修得していきます。

図9-2-8　教材事例（作業指示の伝わり方を試す）

② ここがポイント！ 『作業分担』

　作業チーム内で一人ひとりの個性・体力・作業能力・経験・保有資格等を考えた作業分担をすることは、作業の安全性や作業品質、作業能率などに影響を与えます。

　「ここがポイント！　作業分担」では、チーム作業における作業分担の進め方について、具体的な着眼点について事例を通じて習得していきます。

図9-2-9　教材事例（経験の浅い者、若年者への配慮）

③　ここがポイント！　『危険予知』

　作業チームが現場で実践する危険予知活動について、危険性、有害性の着眼点や作業に変更が発生した時の再KYの進め方について事例を通じて具体的な進め方を再確認していきます。

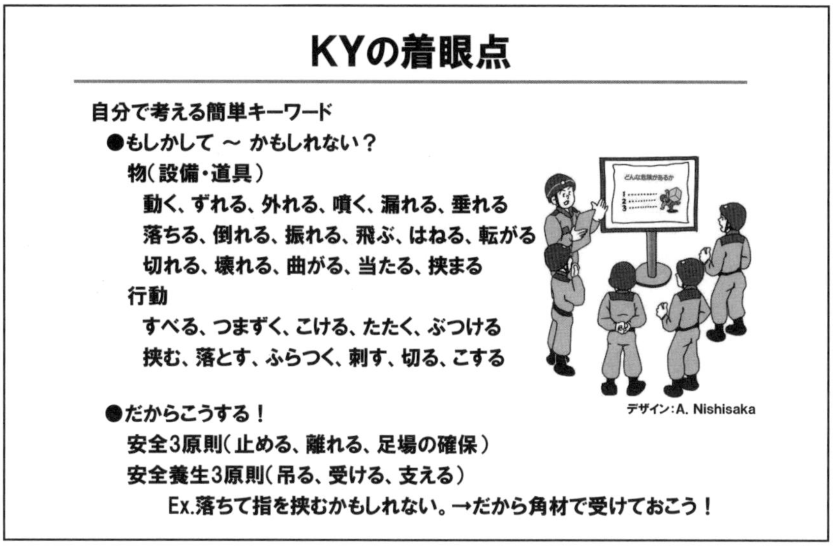

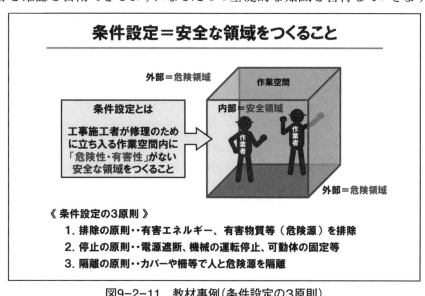

図9-2-10　教材事例（KYの着眼点）

④　ここがポイント！　『命を守る条件設定』

　鉄鋼生産設備等の補修作業を行う時の条件設定の具体的な進め方について、事例を交えて学習するとともに、条件設定を客先任せにすることなく、作業指揮者自身も条件設定内容を確認し自衛できるようになるための基礎的な知識を習得していきます。

図9-2-11　教材事例（条件設定の3原則）

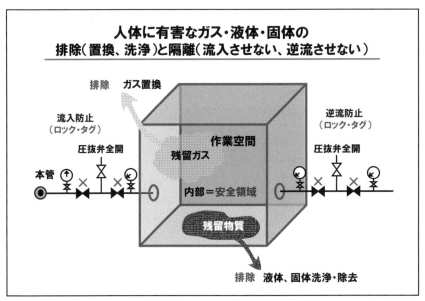

図9-2-12　教材事例（有害物への条件設定）

⑤　ここがポイント！　『現場重点実施4項目』

　安全施工一日サイクルを実践する中で、特に重点的に実施すべき事項を抽出して定めた作業者の行動規範について、項目別に災害事例を用いてその必要性を理解し、具体的な実践方法を習得します。

表9-2-5　教材事例（現場重点実施4項目）

No	項　目	内　容
1	工事開始前に全員で作業現場を点検すること	① 不安全な状態があれば養生してから作業を始める。
2	作業中は常に安全意識を持ち続けること	① 工事の安全最優先は、自分で確保しなければならない。 ② 一人ひとりがその時の状況を把握しながら、考えて、安全に仕事を進める。 ③ 共同作業においては同僚をよく注意して観察し、相互啓発をこまめに行う。
3	作業指揮者は「一歩離れて」仲間の安全を見る	① 作業指揮者は、安全指導と作業指揮が本来の職務である。 ② 共同作業者を良く観て、注意・指導する。 ③ 現場の状況を観るのと同時に人（共同作業者）を良く観る。 ④ 落ち着いて観れるだけのゆとりと余裕をもって作業する。
4	用事のないときは現物から離れる	① 危険な場所に近づかない。 ② 指示がない場合、勝手に手出しをしない。

⑥ ここがポイント！ 『安全マストルール』

　JFEプラントエンジが経験した過去の重大な事故・災害事例を反映して定めた罰則付きの厳禁行動について、項目別に災害事例を用いてその制定理由と内容を理解し、順守への腹落ちを促します。

表9-2-6　教材事例(安全マストルール)

No	項目	マストルール（厳禁行動）
1	条件設定	① 条件設定することなく、設備の可動範囲内に入ってはならない
2	玉掛け作業	① 玉掛け作業では吊り荷の真下に入ってはならない
3	高所作業	① 踏み抜き・崩壊の恐れのないことをJFEプラントエンジに確認し、許可された場所以外へは立ち入ってはならない ② 墜落制止用器具を使用することなく、作業床を設けられない高所作業をしてはならない ③ 墜落制止用器具を使用することなく、作業床の端や開口部に囲い、手摺りあるいは覆いを設けられない高所作業をしてはならない
4	CO、酸欠（硫化水素を含む）危険場所における作業	① CO、酸欠（硫化水素を含む）の危険場所に許可なく入ってはならない
5	電気活線作業	① 活線状態で電気修理作業をしてはならない
6	火気使用作業	① 火気使用制限区域内において無許可で火気を使用してはならない

⑦ ここがポイント！ 『労災報告』

　作業指揮者をはじめチーム員は、自ら事故や災害を経験したものは少なくなってきています。そのような中で不幸にも作業中に事故や災害が発生した時、作業指揮者がうろたえることなく一次措置を行い、緊急連絡が取れるよう重要なポイントに絞って再確認するための教育です。

図9-2-13　教材事例(事故や災害発生時の措置と報告)

⑧　ここがポイント！　『ヒヤリ・ハット活動』

　仕事中に経験したヒヤリ・ハット（無傷事故）は、第8章第3節第6項で述べたとおり、災害防止のための貴重な情報として、気負わずに報告ができるようにして、職場全員で話し合あって情報を共有化に結び付けていくための教育です。

図9-2-14　教材事例（職場におけるヒヤリ・ハット活動）

● 第6項 ●　作業者の役割と安全衛生教育

(1)　作業者とは

　前述の作業指揮者の下で働く作業者の役割と安全衛生教育について紹介します。

　チーム作業を例にとりますと、作業者とは、作業指揮者の監督・指揮の下で作業手順書や作業指示に基づいて、作業を進める者を指します（図9-2-15）。

図9-2-15　チーム編成

⑵ 作業者の役割

作業者の役割は、その作業者が雇用される企業の業態によってその内容が千差万別です。

しかし、まとまり作業の作業工程を時系列的にみますと、①準備作業、②本作業、③後始末作業、そしてそれぞれの段階で④作業指揮者への報告に集約整理できます。この①～④の機能を関連付けし、まとめたものが「作業者の業務サイクル」です（**図9-2-16**）。

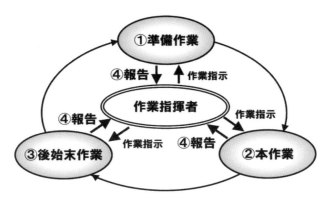

図9-2-16　作業者の業務サイクル

作業者の仕事は、生産設備の補修工事を例にとりますと、「安全施工一日サイクル（**図9-2-17**）」の各機能に従って自らの作業サイクルを遂行すると共に、職場の安全衛生活動や教育・トレーニングへ参加して、作業改善や正しい行動を身につけることです。以下に内容を示します。

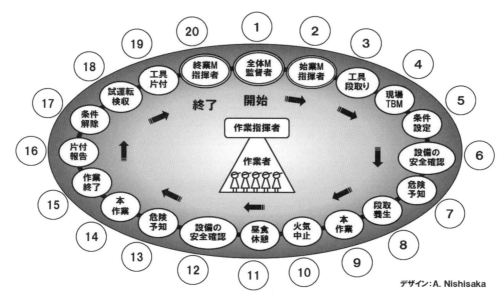

図9-2-17　安全施工一日サイクル

① 作業サイクルを回し、指示された仕事を完成させること。
　１．作業指揮者から指示された作業を作業手順どおり「安全に、正しく、無駄なく」実施する。
　２．作業時の異常や作業実績を作業指揮者に報告する。
② 自職場の安全衛生活動に参画し、危険な作業や問題点に対して意見・要望等を積極的に提案し、話し合い、監督者の指導の下に改善に取り組むこと。
③ 職場で取り組む教育・トレーニングに参加し、正しい知識・技能・態度を身につけること。

(3) 作業者に対する安全衛生教育

　現場の第一線で働く作業者は、危険源（危険有害要因）にさらされる頻度が高いため、作業者に対する安全衛生教育は、作業者一人ひとりに危険から身を守る“構え”を身につけさせることが主な目的になります。

　この目的にかなう安全衛生教育の基本となるものが、能力開発としての知識、技能の修得と、人間形成としての態度づくりです（**表9-2-7**）。

　知識教育と技能教育は、OJTやOff-JTによって、ルールの内容や必要性そして作業手順や急所の意味をよく理解してもらうとともに、作業に必要な技能を繰り返しトレーニングすることによって正しく身につけてもらうものです。

表9-2-7　作業者教育の種類と内容

種　類		内　容	考え方のポイント
能力開発	(1)知識教育	・取り扱う工事機械、道工具の構造、機能、性能を知る	知ってもらいたいことを頭の中で形づくらせる
		・作業に関連する危険性・有害性を知り、対応方法を知る	
		・作業に必要なルールや作業手順を知る	
		・自社の災害事例より災害発生の原因と対策を理解する	
	(2)技能教育	・作業に必要な要素技能、応用技能を身につける	反復トレーニングによって技能を身につける
		・けがのしやすい要素技能の毎年反復トレーニング	
		・安全保護具、衛生保護具の正しい使用法を身につける	
		・点検の仕方、異常時の措置技能を身につける	
人間形成	(3)態度教育	・職務規律、安全規律を身につける	“なぜ”を理解させ身につくまでコーチする
		・危険源や有害物に対する身構え、心構えを身につける	
		・役割意識を身につける	
		・人が見ていなくても安全な行動をする価値意識を身につける	

しかし、知識や技能面の能力開発が十分に行われていても、いわゆる「不安全な行動」による事故やけがが多いのは、作業者が"ちょっとだから"とか"大丈夫だと思ったから"などを理由にして正しい行動をしてくれない場合があるからです。

この背景には、"作業のやりにくさ"や"作業手順の不適切さ"などの管理面の原因もありますが、多くの不安全行動の原因は、作業者自身の態度の基盤となる価値意識がルールを無視した自己流の判断基準（内的規準）を優先させてしまうところにあります。

態度教育は、修得した正しい知識や技能を発揮するとき、職場で通用する正しい構えができ、また、同僚の不安全行動に対しても気持ちよく注意しあえる人になってもらうための人間形成の取り組みです。

安全衛生教育において、最も難しいのが心身の構えづくりです。上司から見て望まれる人間像（図9-2-18）を設定し、その実現に向けた取り組みを教育内容にする必要があります。

表9-2-8に、JFEプラントエンジの作業者に対する安全衛生教育の内容を紹介します。

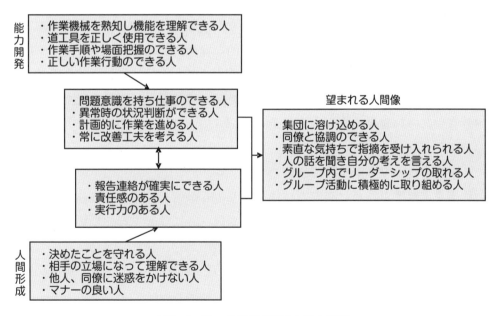

図9-2-18　作業者の望まれる人間像

表9-2-8　作業者向け安全衛生教育

１．安全衛生に関する共通教育

　　１）各種の法定教育

　　２）技能トレーニング（要素技能、応用技能）

２．安全文化基礎教育

　　１）自社の"ビジョン・安全方針・安全原則"学習（１回／年）

　　２）従業員のための安全な職場作りトレーニング（D社）

　　　　不安全行動、不安全状態を題材にした考える学習

３．職場で取り組む活動および教育・トレーニング

　　１）安全衛生活動への参加

　　　　朝礼・TBM（ツールボックッスミーティング）、安全対話、ヒヤリ・ハット活動、改善活動等

　　２）正しい行動実践トレーニング

　　　　高所、クレーン・玉掛け、条件設定、道工具使用の各作業（１回／年）

● 第7項 ● 安全衛生教育実施時の配慮事項

(1) 安全衛生教育は、人を育てることが目的

　第5章第1節「安全文化の要素」の「継続的な安全衛生教育とトレーニング」のところでも述べたとおり、安全衛生教育は、実施することが目的ではなく、その教育や訓練を通じて人を育てることが目的です。例えば、作業現場で働く人たちに対する安全衛生教育は、強い現場力を担う人やチームを育てるために次の3点を目的に実施するものです。

　① 仕事に必要な安全衛生知識を習得する。

　② 仕事を実践するために必要な技能を繰り返し練習して正しい技能を身につけるとともに、自分の作業行動が周りの同僚や第三者に危害を与えないよう常に気配りする習慣をつける。

　③ 教育・訓練で修得した知識や技能を職場の仕事に活かして、人が見ていなくても毎回・正しく実践できるようになる。

【人は腹落ちして初めて行動が変わる】

　教育を実施する上で配慮してほしい大切なことは、具体的な教育に入る前に、これから始める教育や訓練について受講者にとって、「なぜこの教育が必要なのか」「何を理解してほしいのか」「この教育が行われる背景は何か」「受講者にとってどのような

メリットが有るのか」などを言って聞かせることです。

　このような動機付けのステップを踏むことによって、受講者が「これから始まる講義を聞いてみよう、訓練をやってみよう」と思ってもらえるようになり、教育効果を高めることになります。

　教育や訓練というものは、実施する側がいくら重要なことだと思っていても、受講者が「聞く気」や「やる気」にならなければ、ただ「教育を実施した」「教育を受けた」という実績づくりにしかなりませんので、教育時の動機付けは、人を育てる上で非常に大切な要素だといえます。

　また、受講者が、教育や技能訓練後に職場に戻った時、その上司が教育・訓練結果に強い関心を示し、職場での実践状況をフォローするなどの積極的な関与をすることによって、正しい知識や技能実践の重要性が作業者の腹落ちを促し継続的な正しい作業の実践が期待できるようになります。

(2)　OJTの４段階法

　生産技術の進歩により、作業の機械化や自動化が進んで、現場では新しい設備や機械装置、道工具などの基礎知識の習得が必要になってきています。

　安定した運転状態が続いている間は、さほど問題を感じないかもしれませんが、いざトラブル（非定常作業）が発生すると、担当設備の構造や機能、運転方案などを十分に把握していなければ、適切なトラブル処理はできないばかりか、安全確保もできません。これらの問題に対処するためのツールが、知識や技能の勘所を兼ね備えた「作業手順書」や「作業マニュアル」と呼ばれているものです。

　しかし、「作業手順書」や「作業マニュアル」は、文書として職場に配置したり、作業者に配布したりするだけでは、確実な実施は期待できません。「作業手順書」や「作業マニュアル」をよく理解させ、正しく実践してもらうためには、継続的な教育・訓練を通じて決められたことを正しく実践するための動機付けが必要です。

　教育・訓練の進め方にはOff-JTとOJTの２種類があります。

　代表的なOff-JTは、新入社員を入社後一定期間、職業訓練期間を設けて、会社の教育訓練センターや研修所に集めて、仕事の基礎知識や作業に必要な基礎的要素技能（道工具の使い方、アーク溶接、ガス切断、玉掛け作業、クレーン運転など）に関する教育・訓練を行うものです。

　また、会社の研修室やミーティングルームに教育対象者を集めて行う講義やグループ討議等を通じて主に知識の習得を目的とした座学などもOff-JTの一形式といえます。

　もうひとつは、毎日の仕事の中で実施するOJTです。OJTは、現場作業に直結する「作業手順書」や「作業マニュアル」などのうち、実際にやってみなければ分からない技能的側面を、具体的な作業の実践を通じて、作業者に正しい作業の仕方を身につけさせる教育・訓練です。

　なお、OJTは、作業現場の監督者に任せてしまいがちですが、OJTの基本スキルとして、次の4段階法が一般的に知られていますので常にこれを心がけながら進めるようにしましょう。

　OJTの基本スキル（4段階法）

　　第1段階　心の準備をさせる。（作業の重要性・意義・価値の理解）

　　　　　　　≪さあ、○○をはじめよう≫

　　第2段階　説明して、やってみせる（手順と急所の理解）

　　　　　　　≪こうして、こうやって、こうする≫

　　第3段階　やらせてみる（理解度、応用力の確認）

　　　　　　　≪できるまで繰り返し体験させる≫

　　第4段階　あとをみる（教育・訓練達成度を評価）

　　　　　　　≪この作業のポイントは？　と質問する≫

　4段階法は、古くは米沢藩主であった上杉鷹山の言葉として伝えられる「してみせて、言って聞かせて、させてみる」を手本にして旧大日本帝国海軍連合艦隊司令長官の山本五十六が言葉を加えた「やってみせ、言って聞かせて、させてみせ、誉めてやらねば、人は動かじ」と通じるところがあります。

　だからこそ、この言葉は、現代においても、人の心をとらえ、人を育てるための極意として今も大切にされているのだと思います。

図9-2-19　上杉鷹山

写真9-2-4　山本五十六

　安全衛生教育を進めるためには、前述のOJTの基本スキル（4段階法）に加え、「教えるときの8原則」がありますので次に紹介します（**表9-2-9**）。

表9-2-9　教えるときの8原則

教えるときの8原則

━━ 教えるときの心構え3原則 ━━

1. 相手の立場に立って
   ① 教育の目的は、相手を「育てる」ことにある。
   ② 相手のレベルに応じて教育内容や進め方を変える必要がある。
2. やさしいことから、難しいことへ
   ① 最初から難しい話をすると、相手は理解できずに学ぶことを投げ出してしまう。
   ② 相手が理解し納得したことを確かめながら、だんだんとレベルの高い内容に進んでいくのがよい。
3. 動機づけを大切に
   ① 自分から学びたい気持ちになることが一番大切である。
   ② 押しつけや無理やりやらされていると感じたときは、受け入れてくれない。

━━ 教え方の3原則 ━━

4. 一時に一事を
   ① 一度に多くのことを覚えることはなかなか難しい。
   ② あれやこれやと欲張るよりは、ポイントを絞ってじっくり教えたほうが効果が上がる。
5. 反復して
   ① 繰り返して強調することで、教えたことをしっかり頭に叩き込むことができる。
   ② 同じ言葉を繰り返すよりは「手を変え品を変え」という具合に、いろいろな方角からみせるほうが効果が上がる。
6. 身近な事例で強い印象を与えるように
   ① 身近な災害事例やヒヤリ・ハット事例は、強い印象を受けて理解しやすく記憶に残る。

━━ 効果的な教え方のポイント2原則 ━━

7. 急所の理由をいって
   ① 「成否、安全、やりやすく」という急所は、「なぜ」それが急所かという急所の理由を理解すれば、二度と忘れないし実行される。
8. 体験させ五感を働かせて
   ① 体験することは最も印象を強くする手段である。
   ② 「聞くだけ」では90%忘れてしまうといわれる。五感をフルに働かせて、記憶に残る教え方をする。

出典：中央労働災害防止協会発行　「職長の安全衛生テキスト」

第3節　安全監査システム

　第3章第2節「企業経営ピラミッド」の項で述べたとおり、企業活動を運営する分野別の管理システム（マネジメントシステム）の総体が、管理の仕組みあるいは、枠組みを意味し、言わば、引き出しがいっぱい付いた和箪笥に例え、それぞれの引き出しが業務分野ごとの管理システム（サブシステム）だとしました。

　このマネジメントシステムやサブシステムは、安全文化要素強化のために作り出された成果物であり、**図9-3-1**の左の図のように、積み上げていくべきものですが、運用管理が不適切ですと右側の図のように、どんな良い施策でも徐々に安定感を失って崩れていき、最後には消滅してしまいます。

　従来の安全活動では、良い施策ができ上がっても活動の期間が過ぎてしまうと、管理者や従業員の関心が次の活動に移ってしまい、消失の経路をたどってきました。

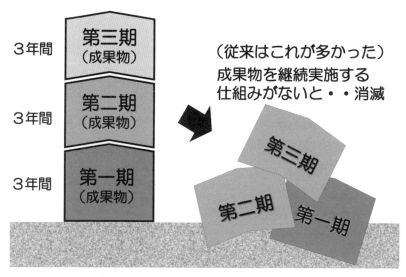

図9-3-1　活動成果物を継続する難しさ

　JFEプラントエンジでは、これまでの安全文化創生活動によってつくり上げた安全文化要素を強化する成果物（施策）としての管理システム（マネジメントシステムやサブシステム）が停滞あるいは消滅することなく適切に運用されているかを定期的に確認し、管理システムが有効かつ持続的であるかを評価するために**表9-3-1**に示す3種類の安全監査システムを運用しています。

表9-3-1　安全監査の種類と対象

	監査の種類	監査対象	頻度／対象
1	全社安全監査	安全文化要素	3年ごとに全事業場（3年間で一巡）
2	事業場内部安全監査	安全管理システム現場行動観察	3年ごとに全室（3年間で一巡）
3	協力会社安全監査	安全管理システム現場行動観察	3年ごとに全事業場全協力会社（3年間で一巡）

次に3種類の安全監査の概要を紹介します。

● 第1項 ● 全社安全監査

【監査の対象と周期】

　各事業場における安全文化の定着状況を安全文化要素項目について3年ごとに1回監査するものです。

【監査項目】

- ■　ビジョン・安全方針・安全原則
- ■　経営者・管理者の高い意欲とリーダーシップ
- ■　ライン管理者の役割と管理能力
- ■　安全スタッフの役割と専門能力
- ■　従業員の安全意識と職務規律
- ■　技術基準と作業手順
- ■　継続的な安全衛生教育とトレーニング
- ■　総括安全衛生管理体制と安全衛生委員会
- ■　効果的な安全衛生活動と災害・事故の予防
- ■　効果的なコミュニケーション
- ■　災害・事故の報告・調査と再発防止
- ■　行動監査（安全パトロール）と組織監査（安全診断）
- ■　協力会社管理（発注者と受注者の役割と責任）

【監査を実施する者】

　本社の安全衛生部長を監査チームの長とし、各事業所のライン部長より監査員を選抜して事前に安全監査研修を受けたものが、所定の期間、専属として対応します。

【全社安全監査の進め方】

　この安全監査は、何を、何のために、どのような考え方に基づいて実施しているかを診るものであり、確認すべき文書類等は事前に提出されたものを確認したうえで監査に臨むように計画しています。

　安全監査は、事業場の各階層から無作為に抽出された人々に対するインタビュー（面談）を主体に現地確認も加えて、各監査項目別に強みや弱点を明確にし、5段階のレベル評価を行います。

　安全監査結果は、事業場内で報告会を開催して評価への納得性を高め、必要に応じて改善のための提言および援助を行います。

● 第2項 ●　事業場内部安全監査

【監査の対象と周期】

　各事業場におけるJFEプラントエンジが独自に開発した「災害防止のマネジメントシステム」の実践状況について各所属部署（室レベル）単位に3年ごとに1回監査するものです。

【監査項目】

　I．技術ベースの視点（マネジメントシステムの実践状況評価）

　　（M1）　価値観の共有化

　　（M2）　状況把握

　　（M3）　方針・目標・計画の設定

　　（M4）　運用条件の整備

　　（M5）　異常時の緊急措置

　　（M6）　事故・災害再発防止措置と予防措置

　　（M7）　健康障害の予防措置

　　（M8）　安全教育・トレーニング

　　（M9）　職場活動の活性化

　　（M10）　双方向コミュニケーション

　　（M11）　安全施工一日サイクル

　　（M12）　実績評価（安全監査）

　　（M13）　スパイラルアップ

　　（M14）　協力会社の安全管理

Ⅱ．行動ベースの視点（現場行動に関連する実態評価）

（K1）　安全マストルール

（K2）　現場重点4項目

（K3）　安全施工一日サイクル

【監査を実施する者】

　事業場のライン部長を監査チームリーダーとし、内部監査を受けた経験のあるライン室長（安全管理者）2名が監査員を担当します。

【内部安全監査の進め方】

　全社共通の内部安全監査実施要領書に従って事前書類審査、現場調査、インタビューを実施し、3段階のレベル評価を行います。安全監査結果は、事業場内で報告会を開催して評価への納得性を高め、必要に応じて改善のための提言および援助を実施します。

● 第3項 ● 協力会社安全監査

【監査の対象と周期】

　各事業場内の協力会社におけるJFEプラントエンジが独自に開発した「災害防止のマネジメントシステム」の実践状況について各協力会社単位に3年ごとに1回監査するものです。

【監査項目】

Ⅰ．技術ベースの視点（マネジメントシステムの実践状況評価）

（M1）　価値観の共有化

（M2）　状況把握

（M3）　方針・目標・計画の設定

（M4）　運用条件の整備

（M5）　異常時の緊急措置

（M6）　事故・災害再発防止措置と予防措置

（M7）　健康障害の予防措置

（M8）　安全教育・トレーニング

（M9）　職場活動の活性化

（M10）　双方向コミュニケーション

（M11）　安全施工一日サイクル

（M12）　実績評価（安全監査）

　　　　（M13）　スパイラルアップ（安全監査とシステム改善）

　　　　（M14）　協力会社の安全管理

　　Ⅱ．行動ベースの視点（現場行動に関連する実態評価）

　　　　（Ｋ０）　リーダーシップ（協力会社の管理者・監督者）

　　　　（Ｋ１）　安全マストルール

　　　　（Ｋ２）　現場重点４項目

　　　　（Ｋ３）　安全施工一日サイクル

　　　　（Ｋ４）　基本行動（保護具、指差呼称、声かけ、優良慣行等）

【監査を実施する者】

　　事業場内部監査チームに準じる。

【内部安全監査の進め方】

　　事業場内部監査チームに準じる。

第**10**章

安全文化を未来につなげるために

第1節　継続ほど難しいものはない

　これまでに述べてきたとおり、安全文化を創り、組織に定着していくためには、ぶれることのない組織共通の価値観の下で、安全文化の要素を強化する取り組みに加え、その成果物を適用した日常活動を経営者から従業員に至るみんなが役割に応じて律儀に実践し続ける取り組みが必要です。

　しかし、どんなに高邁な精神を持った取り組みであっても、長年にわたって、初期に期待したとおりに実践し続けることは、かなり難しいのが実態です。そこで、何が活動の継続を難しくしているのかを次の2つの視点で整理してみました。

**　第1の視点は、日常活動に関与する人のモチベーションの問題です。**

　人は、同じことを継続することに対して、

① 　初期には目から鱗が落ちるような感動や共感を覚えた目新しいものであったとしても、時間が経つにつれて当たり前のものになってしまい、活動の新鮮味が薄れてきます。

② 　活動の取り組みフェーズが「施策を創りだす段階」から「施策を運用する段階」へと変化していくことにより、活動に関与する人たちの達成感が低下してきます。

③ 　指導的立場の人材が、人事異動や退職等による入れ替わりのため、活動の本質の伝承と理解度に個人差が出やすく、積極的な関与や指導力が低下してきます。

　第1の視点で取り上げたモチベーションの問題は、安全文化への取り組みに限らず、すべての安全衛生活動に共通する課題です。また、この課題は日々活動に取り組む現場の人たちに限らず、指導的立場にある管理者や経営者も例外ではありません。

　本書の第5章～第9章で取り上げた内容は、「何のために、何をやるのか」という活動の本質を常に自問し続けて、目標を見失うことなく組織や職場そして従業員一人ひとりを導いていく施策です。『継続は力なり』という格言は、"言うは易し・行うは難し"ではありますが、それを実践してはじめて大きな成果が得られるというものです。人の上に立つ者が途中で諦めることなく、強い信念と情熱を持って取り組めば、必ず部下が続いてくれます（第6章第4節心に響くリーダーシップ参照）。

**　第2の視点は、会社合併等による経営環境の変化です。**

　「安全衛生に関する原理・原則」は、時代とともに見直してより良くしていくべきものですが、「本当に良いものは変える必要はない」という考え方も必要です。

合併等により経営陣が変わったからといって、従来からの伝統を何でもご破算にすることは、賢い経営とはいえません。むしろ、そのようなことをしてしまうと、合併した一方の会社が営々と取り組んできたことを全否定することにもなり、新経営体制に対する従業員の信頼感はなくなってしまうでしょう。合併等でよく見られる事例をいくつかのパターンに分けて考えてみましょう。

(1) Win-Winのパターン

このパターンは、対等合併ではなくても相互の文化を尊重して、徹底的に議論を戦わせることによって合意点を見つけ、双方の良いところを残していくものであり、理想的な取り組みです（筆者の経験より）。

この取り組みは、合併初期に双方出身の経営陣が徹底した議論を戦わせることによって、互いに人を知り合うことができ、相互理解が進み、合併後の融合がスムーズに進むという副次的な効果も期待できます。

なお、この経営陣による討議に先立ち、安全衛生専任部門の長が新会社の社長に対し、この取り組みの狙いや必要性を説明して、理解と賛同を得るステップが大変重要です。

その後、社長以下新経営陣により、新会社における安全衛生基本施策となる、共通の価値観や安全文化の要素を強化するための活動のあり方などの原理・原則を議論することから始めます。具体的には、合併両社が進めてきた取り組みの概要を確認しあうとともに、今後の「あるべき姿」について議論を行い、合意点に到達するまで喧々
諤々の意見交換を重ねていきます。

この一連の「合意形成」の取り組みには、「相手への思いやり」と「勇気」が必要ですが、これこそが、その後の安全文化を高める活動の継続性に大いに役立つことになります。

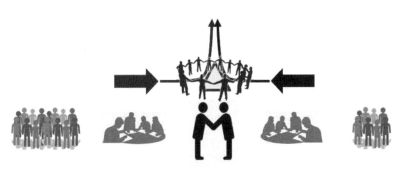

図10-1-1　Win-Winのパターン

　そのほかのパターンは、あまり好ましいパターンとはいえません。参考までに以下の2つのパターンについてその概要を紹介します。

⑵　Win-Loseのパターン

　発言力の大きい側の考え方を一方的に押し付けるもので、典型的な勝ち負けを決めるパターンであり、負け組はやる気を失い、協力関係も構築できず、双方の対立が目立って合併効果が出なくなってしまいます。

　図10-1-2は、対等合併ではなく、規模の大きい側の流儀を一方的に適用しようとする合併形態を示しています。図10-1-3は、規模の小さい側から社長が選任され、かつその社長がこれまでの進め方を優先して変えず、規模の大きい合併先にも一方的に適用しようとする合併形態を示しています。いずれのケースも、合意形成の過程を経ないものであり、たとえ勝ち組が進めてきた活動が優良な活動であったとしても、その後の全社活動としてはうまく進まないでしょう。

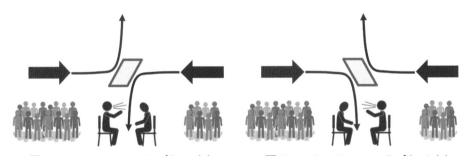

図10-1-2　Win-Loseのパターン⑴　　　図10-1-3　Win-Loseのパターン⑵

⑶　Lose-Loseのパターン

　もう1つのケースは、全社共通活動について経営陣による合意形成の過程を経ず、実務者レベルに双方の調整を任せてしまうケースです。実務者のレベルでは、それぞれがこれまでの進めてきた活動方法の変化を好まず、意見が平行線のまま2本立ての活動が続くことになってしまいます。

　このような状況では、優良な活動の継続性は到底望めません。

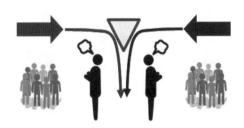

図10-1-4　Lose-Loseのパターン

第2節　人の入れ替わりへの対応

　時間の経過とともに「企業の組織」（**図10-2-1**）で働く人々が入れ替わっていくことは、避けがたい事実です。この人の入れ替わりへの対応の良し悪しが活動の継続性に大きく影響することを本章第1節でも話題にしました。

　本節では、人の入れ替わりを前提とした活動の継続性を担保する取り組みを紹介します。

　安全文化を高める活動を進めるためには、その考え方や具体的な推進の方法等について高い見識や論理的思考に精通した社内や社外の人材が必要です。

　JFEプラントエンジでは、このような人材が退職等により会社から離れていく前に、有用な情報や活動方法をドキュメントとして整理してもらい、新しく立ち上げた『安全文化アーカイブス』という情報管理システムに登録し、検索や閲覧を容易にして後進へ伝えやすくしています。しかし、ドキュメントだけではその裏に隠れている活動を立ち上げた当事者の思いやノウハウ等は表現しきれず、100％の伝承は困難です。

　そこで、同社では、活動の草創期から携わってきた、現役の知見者、現在は退職をしている元役員や元管理者、そして外部有識者の皆さんとの「安全ネットワーク」（**図10-2-2**）を作って、役員討議の場など必要なときに来ていただき、当時の話を聞かせてもらったり、的確なアドバイスをしてもらったりすることができるようにしています。

　とりわけ、安全文化を高める取り組みは、幅広い見識と体系的にものを見る力が必要とされますので、一朝にしてこのような人材は育てることができません。安全文化を高めるという時間軸の長い取り組みには、説得力のある『語り部』が必要不可欠です。この『語り部』の話しかけが、活動の考え方や方法は理解できても、今ひとつ納得し切れていない現役世代の腹落ちを促すことになります。

図10-2-1　企業の組織

図10-2-2　安全ネットワーク

第3節 優しさと厳しさの使い分け

　安全文化を高める取り組みでは、その要件としての人を思いやる心や相互啓発など
の「人への優しさ」が強調されるあまり、優しさが「善」であり、その逆の厳しさは
「悪」であるかのような先入観が持たれがちです。しかし、第8章第1節で「ダメな
ことはダメという厳しい姿勢と動機付けが必要」であるとしましたように、厳しさ
は、決して悪いことではありません。むしろ、必要に応じて「優しさ」と「厳しさ」
を上手く使い分けすることが求められます。

　特にリスクの高い作業を担う現業系の従業員に対しては、ルール違反や故意の不安
全行動が事故や災害に直結するため、その職場やチームの監督者が、「ダメなものはダ
メ」と言えなければ職場の職務規律が乱れ、事故や災害を防げなくなってしまいます。

　安全文化の重要な要件ともいえる職場の高い職務規律は、監督者の人を思いやる優
しさとともに、「ダメなものはダメ」という厳しさが根底にあって初めて現場に根付
いていくものです。

　この優しさと厳しさを臨機応変に使い分ける監督者は、部下を叱り飛ばすほど厳し
い側面を持つ反面、部下の面倒見が良い、いわば「親父さん」的な職場の要（まとめ
役）として製造業や建設業の現場では良く見かけます。実は、このような監督者が部
下を上手く動機付けすることによって強い現場力を創り出してきたのです。

　しかしながら、最近では、このような監督者が減りつつあるのが実情であり、これ
まで以上に、経営者や管理者の「心に響くリーダーシップ」によって現場の監督者を
支え、より強い現場力を維持していく必要があります。

　管理の力（マネジメント力）は、より安全な作業設備や作業環境、安全な作業方法
を現場に提供し続けて仕事の安全性を高めるものですが、それにも限界があり、現場
の一人ひとりが、高い職務規律とともに、人が見ていなくても安全に行動をするとい
う、生き生きした職場なくして、高いレベルの安全文化はできません。その基本にあ
るものが「優しさ」と「厳しさ」だといえます（図10-3-1）。

図10-3-1　優しさと厳しさ

第4節 未来への期待

　安全衛生に携わる多くの人々の究極の夢は、働く人々の安全衛生が確保され、ご家族をはじめ、関係する多くの皆さまに安心していただける仕事を実現することではないでしょうか。

　しかし、現実には事故や災害は減少してきてはいますが、安全・安心という夢の実現にはまだまだ道半ばのように思います。このような状況の下でこれまでに進めてきた、安全文化の要素を整備して安全管理システムを強化し、一人ひとりが安全に行動する職場をつくるという取り組みは、今後の安全衛生活動の基本形になっていくものと筆者は考えています。

　したがって、これから将来にわたって安全レベルを持続的に高めていくためには、今に生き、安全衛生に携わる者の使命として、「マネジメント力」と「現場力」を強化する取り組みを継続するとともに、現在までにつくり上げてきた「安全文化」を劣化させることなく、未来の世代につなげていかなければなりません。

　この取り組みこそが、現在の私たちの夢を実現するものになるものであり、現役世代の皆様におかれましては、ぜひともこの思いを引き継いでいかれますことを心より期待しております。

図10-4-1　未来への夢

あとがき

　日本の多くの企業では、「働く人々の安全や健康の大切さ」を共有するとともに、災害原因を究明し、より安全で快適な職場をつくるための安全衛生活動が広く行われています。

　しかしながら、その中心的な取り組みは、管理者主導で「技術ベースの取り組み」としてリスクアセスメントを実施して、リスク低減効果の高い本質安全化や工学的対策に加え、作業標準や作業手順の設定などの管理的対策、そして個人用保護具の使用などの災害予防の手段（How To）の実践に重点を置いた安全衛生活動が計画され、機械設備を安全化するとともに、安全な作業手順を定めてその実践を現場の人たちに強く求めるものです。

　もちろん、この安全衛生活動の進め方は、決して間違った方法とは言えませんが、ある程度のレベルまでは事故や災害は減ってきても、その後は下げ止まりになって継続的なゼロ災は望めるものではありませんでした。

　そして、多くの企業は、このような事故や災害の下げ止まりに直面して、何とかしたいが「どうすれば良いのか分からない？？？」という壁に阻まれた状況に陥っています。

　今、このような企業に必要なことは、この状況をブレークスルーするための新しい視点です。すなわち、仕事の主役は、機械設備や作業手順などではなく、あくまでも働く人々である・・・という当たり前のことへの着目です。

　「人はエラーをする、横着やルール違反をする」として人の可能性を否定するのではなく、そうならないための人への働きかけが大変重要です。

　安全を最優先するという価値観を全員が共有し、人が決められたことをきちんと実践し、誰も見ていない時でも安全に行動し、共に働く仲間が互いの安全を思いやることのできる、そのような職場や組織をつくり上げることに組織を挙げて取り組むことが、新しい視点です。

　本書では、その新しい視点が「行動ベースの取り組み」であることに言及し、その具体的な考え方や具体的な事例を安全文化の要素や実行事例で示してきました。

　もちろん、『安全文化』を高め、人の意識や行動を変えることは、一朝にして成るものではありません。しかし、経営者や管理者が信念を持って安全文化の種（安全文化の要素）を組織に植えつけ、組織や職場をリードし続けることによって安全文化が育まれ、組織や人は変わってくるものです。

倫理的にも論理的にも正しいと信じられることを全員で共有化して、体系的に実践し続けることこそが成功の鍵になります。

　筆者は、これからの安全衛生活動に『安全文化』という概念が多くの企業で導入され、それが組織や職場に定着して、企業で働く人々とその関係者の皆さまが安全・安心を実感できるような企業になられることを心より願っております。

　また、これからのわが国は、人口減少の一途をたどり、当然ながら安全衛生に携わることのできる人材も減少していくものと考えられます。

　それだけに、今のうちに安全衛生への効果的な取り組みを体系化して、基本的な考え方や手法を未来へつなぎ、少数精鋭で対応できるようにしておきたいものです。そのような目的においても本書を、読者の皆様に活用していただければ、望外の幸せです。

　最後のまとめとして、本書の心が包含されている平成29年度全国安全週間のスローガンをもう一度引用して筆を置くことにします。

　　　「組織で進める安全管理
　　　　　みんなで取り組む安全活動
　　　　　　未来へつなげよう安全文化」

　　　　　　　　　　　令和6年春の横浜にて　西坂　明比古
　　　　　　　　　　　ご安全に！

参考文献等

　安全文化を創り育てる上で、読者の皆様にも有益と思われるものを筆者の選定基準で紹介いたします。

○企業経営の基本と原則を知るための入門書籍

　『エッセンシャル版　マネジメント　基本と原則』

　　P.Fドラッカー著　上田惇生編訳　ダイヤモンド社発行　2015年

○個人や集団を好ましい方向へ変えていくための考え方に関する書籍

　『人を動かす』原題How to win friends and influence people

　　D・カーネギー著　山口　博訳　創元社発行　1966年

　『行動科学の展開　人的資源の活用』

　　P・ハーシー、K・H・ブランチャード共著　日本生産性本部発行　1978年

　『上杉鷹山の戦略と発想』

　　童門冬二著　廣済堂発行　1993年

　『属人思考の心理学　組織風土改善の社会技術』

　　岡本浩一、鎌田晶子共著　新曜社発行　2006年

　『危険と安全の心理学』

　　正田　亘著　中央労働災害防止協会発行　2007年

○安全文化という視点で事故防止を考えるヒントを与えてくれる書籍

　『組織事故　起こるべくして起こる事故からの脱出』

　　ジェームズ・リーズン著

　　塩見　弘監訳　高野研一、佐相邦英訳　日科技連出版社発行　2003年

○ヒューマンファクターの視点で人間特性を理解し、事故防止につなげる書籍

　『失敗学の法則』　畑村洋太郎著　文藝春秋発行　2002年

　『ヒューマンエラーの分析と防止　不安全行動・作業ミスはなぜ起こるか』

　　谷村冨男著　日科技連出版社発行　1995年

　『保守事故　ヒューマンエラーの未然防止のマネジメント』

　　ジェームズ・リーズン他著　高野研一監訳　日科技連出版社発行　2005年

　『事故は、なぜ繰り返されるのか　ヒューマンファクターの分析』

　　石橋　明著　中央労働災害防止協会発行　2006年

『ヒューマンエラー』　小松原明哲著　丸善発行　2006年

『ヒューマンエラーを防ぐ知恵　ミスはなくなるか』

　中田　亨著　化学同人発行　2007年

『失敗のメカニズム　忘れ物から巨大事故まで』

　芳賀　繁著　角川ソフィア文庫　2011年

『事故がなくならない理由　安全対策の落とし穴』

　芳賀　繁著　PHP研究所発行　2012年

『安全人間工学の理論と技術　ヒューマンエラーの防止と現場力の向上』

　小松原明哲著　丸善出版発行　2016年初版

○レジリエンスの概念に基づき、変化への対応力に注目した書籍

『Safety I ＆Safety II　安全マネジメントの過去と未来』

エリク・ホルナゲル著

　小松原明哲監訳　狩川大輔他訳　海文堂発行　2015年初版

『組織事故とレジリエンス』　ジェームズ・リーズン著　佐相邦英監訳

　(財)電力中央研究所ヒューマンファクター研究センター翻訳　日科技連出版社発行

　2016年

○監督者、安全管理者向け法定安全衛生教育のためのテキスト

『安全管理者選任時研修テキスト』中央労働災害防止協会発行　2020年

『職長の安全衛生テキスト』中央労働災害防止協会発行　2023年

『職長の能力向上教育テキスト』中央労働災害防止協会発行　2020年

○部下を持つライン管理者や監督者が、活用する安全活動入門書籍

『安全衛生活動の進め方』　谷村冨男著　労働新聞社発行　1998年

『新安全朝礼ハンドブック　話し方、ミーティングのコツ』

　谷村冨男　他著　労働新聞社発行　1998年

○JFEメカニカル（現JFEプラントエンジ）の取り組みを外部紹介した書籍

月刊誌『安全と健康』　年間毎月連載　「必見！　安全衛生教育レビュー」

　西坂明比古著　中央労働災害防止協会発行　2007年

『グローバルに通用する安全管理』

　竹川土夫著　労働調査会発行　2011年

月刊誌『安全スタッフ』　年間毎月連載　「安全文化を創る」

　西坂明比古著　労働新聞社発行　2013年

著者プロフィール

労働安全コンサルタント

西坂 明比古 （にしさか あきひこ）

日本鋼管（現JFEスチール）に機械系技術職とし
て入社し、京浜製鉄所で鋼管製造設備の建設計画
や保全部門安全管理者、TPM活動推進リーダー、
安全衛生室長等に従事。
その後、JFEスチールグループ会社のJFEメカニ
カル（現JFEプラントエンジ）で安全衛生部長、
教育推進部長を歴任するとともに「安全文化創生
活動」に深く関与してきた。
国家資格：労働安全コンサルタント（機械）他
講師歴：東京安全衛生教育センター RST講座等。
平成28年度　緑十字賞受賞。

創り育てる安全文化
安全行動が自然にできる職場を目指す

平成29年11月 8 日　第 1 版第 1 刷発行
令和 6 年 4 月30日　第 2 版第 1 刷発行

著　　　者　西坂　明比古
発　行　者　平山　剛
発　行　所　中央労働災害防止協会
　　　　　　〒108-0023
　　　　　　東京都港区芝浦 3 丁目17番12号
　　　　　　　　　　吾妻ビル 9 階
　　　　　　電話　販売　03-3452-6401
　　　　　　　　　編集　03-3452-6209
イラスト　　ミヤチヒデタカ
デザイン　　新島　浩幸
印 刷・製 本　株式会社雄進印刷